世界奥秘解码

扑朔迷离的古墓释疑
古墓密档暴露

韩德复 编著

中国出版集团
现代出版社

前言
reface

　　大千世界，无奇不有，怪事迭起，奥妙无穷，神秘莫测，许许多多难解的奥秘简直不可思议，使我们对这个世界捉摸不透。走进奥秘世界，就如走进迷宫！

　　奥秘就是尚未被我们发现和认识的秘密。它总是如影随形的陪伴着我们，它总是深奥神秘的吸引着我们。只要你去发现它、认识它，你就会进入一个新的时空，使你生活在无限神奇的自由天地里。

　　在一切认知与选择的行动中，我们总是不断地接触到更大的境界，但是这境界却常常保持着神秘的特点。这奥秘之魅力就像太阳一般，在它的光照下我们才能看见一切事物，但我们的注意力却不在于阳光。

　　奥秘世界迷雾重重，我们认识这个熟悉而又陌生的世界，发现其背后隐藏着假象与真知，箴言和欺骗，探寻奥秘世界的真相，我们就会在思考与探索中走向未来。

　　其实，世界的丰富多彩与无限魅力就在于那许许多多的难解的奥秘，使我们不得不密切关注和发出疑问。我们总是不断地去认识它、探索它。今天的科学技术日新月异，已经达到了很高的程度，尽管如此，对于那些无数的奥秘谜团还是难以圆满解答。

古今中外许许多多的科学先驱不断奋斗，一个个奥秘不断解开，并推进了科学技术的发展，随即又发现了许多新的奥秘现象，又不得不向新的问题发起挑战。这正如达尔文所说："我们认识世界的固有规律越多，这种奇妙对于我们就更加不可思议。"科学技术不断发展，人类探索永无止境，解决旧问题，探索新领域，这就是人类一步一步发展的足迹。

为了激励广大读者认识大千世界的奥秘，普及科学知识，我们根据中外的最新研究成果，特别编辑了本套丛书，撷取自然、动物、植物、野人、怪兽、万物、考古、古墓、人类、恐龙等诸多未解之谜和科学探索成果，具有很强的系统性、科学性、前沿性和新奇性。

本套丛书知识面广、内容精炼、图文并茂，形象生动，非常适合广大读者阅读和收藏，其目的是使广大读者在兴味盎然地领略世界奥秘现象的同时，能够加深思考，启迪智慧，开阔视野，增加知识，能够正确了解和认识世界的奥秘，激发求知的欲望和探索的精神，激起热爱科学和追求科学的热情。

目录

Contents

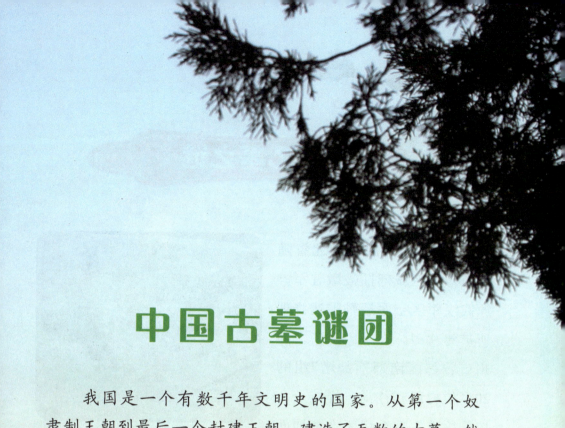

中国古墓谜团

我国是一个有数千年文明史的国家。从第一个奴隶制王朝到最后一个封建王朝，建造了无数的古墓。然而，由于年代久远，盗墓猖獗，导致许多古墓的主人失考，年代模糊，一些古墓迷雾重重……

曾侯乙墓之谜

神奇墓葬被发现

1977年9月底，湖北省随州市曾都区城郊擂鼓墩驻军，原武汉军区空军后勤雷达修理所扩建营房。在一天上午，随州市曾都区南郊擂鼓墩7组的20多位村民和往常一样挖土。挖着挖着，有个民工在离地面

约两三米深的地方，忽然发现了20余件青铜器。

这些青铜器，有的像罐子，上面有盖；有的像香炉，带3只脚；有的是长方形样子，带4只脚；还有的如灯座形状，带有箭头。大的几千克重，小的只有几十克重。因为土质较松，他挖得很是小心，所以这些青铜器出土时基本上都完好无损。

收工后，这个民工把自己的棉布褂子脱下，将挖出的东西分两大包包好，准备背回去。由于两包东西又大又沉，很是惹眼，被部队的监工看见了，忙叫他将东西放下来检查。监工看了看，见不是部队的东西也没有说什么。

就这样，这个民工把东西背回了家，放在院子里，叫家人看着，说不要让别人给拿走了。当时，这个民工自己也不知道这是些什么玩意儿。

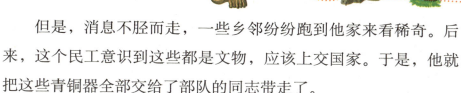

但是，消息不胫而走，一些乡邻纷纷跑到他家来看稀奇。后来，这个民工意识到这些都是文物，应该上交国家。于是，他就把这些青铜器全部交给了部队的同志带走了。

后来，在东团坡山冈上开山平地时，突然挖出一片同地面颜色大相径庭的"褐土"。空军后勤雷达修理所副所长解德敏爱好考古，凭直觉他猛然意识到，出现如此大面积的异常土层，可能地下有古墓。于是，他立即向当时的随县县委汇报了情况。

县里派了一位搞文化的人员来观看现场。这人由于缺乏考古常识而对此没有足够的重视，部队仍继续施工。至1978年2月，在开挖过程中，民工们突然挖出了大量两米多长、一米多宽的长方形青石板。

联想到前面挖出的文物，当时在此管基建的负责人猜想很有可能是古墓群。于是，他当即要求暂停爆破式开采，全部启用人工开挖。民工们越挖，青石板越多，负责人感到，如果前面挖出的是第一批文物的话，那么这儿就是一个大古墓。

负责人深感事态严重，立即下令停工，并再次向随县县委汇报。此次县里派出文化馆副馆长来到现场。懂得考古学的副馆长初步判定是座古墓，于是向原襄阳地区文化馆快速作了报告。

同年3月，接到报告的湖北省博物馆考古队队长谭维四，迅速率领勘察组赴

随州实地勘测。没有多长时间，他们有了初步的勘测结果，立即向国家文物局作了汇报。

1978年5月，经国家文物局批准，在湖北省文化厅的主持下正式对曾侯乙古墓进行了发掘。

古墓为何完好无损

1978年5月至6月间，考古人员触摸到第一个文字物证的时候，神秘大墓的主人浮出水面，他就是古曾国的国君——曾侯乙。这是一个保存完整的君王陵墓。埋藏丰富的君王墓为何能历经2400多年而不被盗墓贼所盗掘呢？

这个问题从开始发掘的时候就一直让考古学者提心吊胆，因为曾侯乙墓发掘初期，考古人员在墓的中室东北角发现一个盗洞，这个盗洞出现在墓主下葬后约300年左右的战国至秦汉这段时间。

盗洞的出现给考古工作者泼了一盆凉水，他们认为这个墓中的文物可能已被洗劫一空，而结果却令人意外，整个墓穴除了自然因素的损失外，所有物件都完好地陪伴在墓主人的身边。

这是一个很有趣的现象。既然知道这里埋有宝藏，却又不深入挖下去，难道是盗墓者良心发现了？肯定不是这个原因。那真

实的原因是什么呢？

现代科技最终揭开了考古工作者十分困惑的问题。原来，曾侯乙墓墓区岩石和地下 1 至 9 米处都含有水，这些坑水由于受多种因素的影响而长期呈酸性，对于人的身体是致命的。

因此，考古者还原当时盗墓贼盗墓的场景：曾侯乙墓坑中积水很深，并且这些积水有很强的酸腐蚀性，而当盗墓贼凿开椁木后发现墓坑积水，只得悻悻离去。

2400多年前的曾侯乙恐怕也没有想到这种自然物质居然能让他躲过盗墓贼的劫掠，从而避免了自己被抛尸荒野的命运，更重要的是墓中宝藏免遭被盗的厄运。

奇妙乐器的迷宫

1978年5月23日午饭时分，曾侯乙墓发掘现场，当抽水机将墓穴里的积水终于排干，墓葬中室的景象立刻吸引了所有人的目光。65个青铜的编钟整齐地挂在木头的钟架上，仿佛刚刚被埋入地下。

2400多年来，它一直稳稳地站立在原地。这是世界考古史上绝无仅有的一幕，也是擂鼓墩古墓出土的最瑰丽的珍宝。编钟沿中室的西壁和南壁呈曲尺形立放，总长度超过10米。

如果说实物乐器可以使我们清晰地知道古代乐器的真实面貌，那么这些沉睡了2400多年的乐器能否发出声音？即使能发出声音，是否还是2400余年前的那个原音呢？

曾侯乙墓中"交响乐团"使用的整套编钟，经过音乐工作者的研究和试验性演奏，证明它虽在地下埋藏了2400多年，音乐性

能不仅依然保存，而且仍然很好，音色优美，音域宽广。出土的编钟，真可谓我国古代音乐艺术的瑰宝，是华夏之邦优秀的民族音乐财富。

神秘的曾侯乙

曾侯乙，姓姬名乙，生卒年不详。据考古发掘推定，大约生于公元前475年，卒于公元前433年。现有文献资料鲜见其生平记载。对曾侯乙墓葬发掘时，出土了大量珍贵文物，这些文物的文字材料说明，曾侯乙是战国时期南方曾国的国君。

周朝在随国、曾国都封有同姓诸侯。1979年，在随州市郊义地岗季氏梁一座春秋中期的墓葬中，出土两件铭文铜戈，器主季怡为曾国公族、曾穆侯之子西宫的后人。铭文中季怡自称"周王孙"，证明曾侯本是周王的宗支。据此推断，曾国为姬姓封国，作为其国君的曾侯乙与周天子同姓毋庸置疑，故曾侯乙也可称为"姬乙"。

值得注意的是，历史文献很少有对曾国的记载，常用"随"来指代它，如"江东之国，随为大"。

据猜测，随可能是曾国重要的城市，如国都之类。历史上，这种用都城指代国家的例子也不罕见。

从楚惠王送给他的一件青铜镈上的31字铭文看，曾侯乙死于公元前433年或稍晚，通过对其尸骸的碳−14测定，可以推定曾侯乙的死亡年代在公元前433年至公元前400年之间，他死时年龄在42至45岁之间。综合考虑其他材料，曾侯乙应当生于公元前475年或稍晚，约在公元前463年前后成为诸侯王，在位约30年。

出土文物表明，曾侯乙生前非常重视乐器制造与音律研究，兴趣广泛，同时还是擅长车战的军事家。

曾侯乙的真实形象人们已经无从知道了，但传说曾侯乙长得相貌平平，身材也不高，只有1.6米左右。但他非常有力气，并且是有名的神箭手。民间流传曾侯乙一次去郊外打猎，无意中遇到一头野猪，慌乱中他随手从箭袋中拿出一支箭射出去，野猪应声倒地，当随从去搬运野猪时，才发现原来曾侯乙误把一支稻秆当箭射出去了，可见其力气之大。

在线小知识

曾侯乙墓中的陪葬品上有奇特的图案，这些图案似乎是鸟，又似乎是龙，甚至似乎是龟……总之，是一些现代人没有看过的神奇动物。经研究，这些图案描绘了公元前433年农历五月一天黄昏时的天象。

秦始皇陵墓是否被毁

烧毁秦始皇陵事件

深埋地下的秦始皇陵真的是保存得非常完好吗？在秦朝灭亡之时被项羽烧毁了的史籍记载是真的吗？这些都是史学界一直在探究而又不得其解的谜。

许多史籍中都曾记载：秦末的农民起义推翻秦朝后，西楚霸王项羽占据着秦都。他命人掘开了秦始皇的陵墓，盗运陵中的财宝。据说他调集了30万人从地宫中向外运了30天也没运完。当时，寻找羊只的牧羊人用火点燃了皇陵地宫，秦始皇陵毁于大火。这种说法历来为史学家所接受。

是否被盗的论争

可是，在经历了2000多年的风风雨雨之后，在20世纪70年代，震惊世界的古代军阵-秦兵马俑出土面世，而后又是令世人为之叹服的精美铜马车回到人间，这一连串珍贵的考古发现，反而引起了历史学家和考古工作者的大胆怀疑：秦始皇陵真的被毁

14

掉了吗？

一些科学家用地球化学研究中使用的汞测量技术测出了秦始皇陵地宫位置的中心有汞含量异常高的反应，测算估计超过正常土层含汞量的280倍。而在这种反应现象的土层分布面积达12000多平方米。

科学家们认定：这种汞含量异常是人工灌注水银，造成水银蒸发，经过漫长的岁月积聚形成的。而在《史记》中确实记录了秦始皇墓中"以水银为百川江河大海"的情况，这和现在的发现正好吻合。

历史学家们据此推测：如果当年项羽真的烧毁了秦始皇陵的地下宫殿，那么，汞早就挥发掉了，现在的这种汞异常现象也就不会出现。因此，一些学者对传统的说法提出了质疑。随着科技的发展，皇陵是否被盗掘和焚毁的真相将会大白于天下。

学者们经过考察发现，历史上曾有很多人怀疑过秦始皇陵被

扑朔迷离的古墓释疑　古墓密档暴露

烧毁的说法。最早记载项羽盗秦始皇陵的《史记》也不过是通过刘邦的口叙述这件事的，而在《史记》中的《秦始皇本纪》和《项羽本纪》中却又对此事只字未提。

看来，司马迁本人也不太相信这个说法。和其他的后来争议不止的历史问题一样，秦始皇陵墓被毁一事的细节是被西汉几百年以后的历代史学家们完善和丰富的。

在秦始皇陵墓的封土下出土的铜马车，经过鉴定后，考古学家认为：铜马车上出现的破损是坑顶的自然坍塌造成的。马车上大量的金银饰物没有缺少一件，不像是劫后余生之物。这些发现都在证明秦始皇陵并未被盗。

没有最终的定论

至今为止，其他地方没有发现被认定是秦始皇陵墓里的文物。这像是在给后人传递着这种信息：秦始皇坟墓可能仍然完好无损地沉睡在地下。

　　但是，今天也有一些专家抱有怀疑。他们认为：不能轻易地下结论，认定秦陵地宫保存完好。汞异常现象和其他可疑现象有可能是墓中其他物质的理化反应造成的。

　　2000多年来史学家对此异口同声的现象也是不容忽视的。因为其中很多人都被历代史学家认定是治史严谨的。

　　看来，真正解开谜底，只能等待秦始皇陵被打开的那一天。

　　考古发掘表明，秦始皇与秦二世在位时兴建的阿房宫是没有建成的，阿房宫遗址中也未发现火烧的遗迹，这与《史记》中"阿房宫未成"以及书中没有"项羽火烧阿房宫"的记载是相吻合的。

在线小知识

饱受争议的曹操墓

曹操陵墓的两种说法

三国时代魏国的开创者曹操，是个争议极大的人物。他生前没有做成皇帝，死后才被追封为魏武帝。陈寿写的《三国志》称誉他是"非常之人，超世之杰"。而罗贯中写的《三国演义》却称他为"奸雄"。根据《三国演义》改编的

三国戏，也把他刻画成一个大白脸的奸臣形象，使他成了个妇孺皆知的人物。

曹操晚年曾经为自己安排过后事。《三国志》中写他临死前两年下了一道命令，叫人为他在西门豹祠西边高原上的瘠薄之地建造一座寿陵，"因高为基，不封不树"，意即陵墓要建在高地上，地面上不要堆起高高的坟头，也不要做什么记号。

《三国志》还讲到，220年正月，曹操死于洛阳。二月，葬于高陵。这高陵可能就是指西门豹祠西原上已建造好的寿陵。而《三国演义》中讲到曹操临死时的遗嘱却有另一种说法，他叫人于彰德府讲武城外设立疑冢72座，不让后人知道他的遗体葬在什么地方，怕有人去掘他的墓。

《三国演义》是一部历史小说，它主要是根据陈寿《三国志》并裴松之注以及野史杂记、民间传说、宋元戏剧等写的，内容是七分纪实，三分虚构。那么它对曹操死后的陵墓记载，就不能不考虑到具有一定的真实性。

这样，对曹操陵墓的记载便有了不同的说法：一是西门豹祠西原上，号称高陵；一是彰德府讲武城外，有疑冢72座。

探寻曹操陵墓

按照《三国志》中的说法，曹操的陵墓是在西门豹祠的西原上，那么要想弄清曹操的陵墓究竟在哪里，首先应当弄明白西门豹祠和彰德府的所在地。历史上有西门豹治邺的记载，所以西门豹祠一定是在邺城，即曹操被封为魏王时的都城，也就是今天河北与河南交界处的临漳。

而彰德府，其实在三国时并没有这个地名，它是金朝时才有的，即今天河南省与河北省交界处的安阳市。临漳与安阳，今天分属于河北、河南两省，是紧挨着的。古代还没有分省的时候，

那两个地方多数时候称为邺城，到金朝则称彰德府。说来说去，邺城和彰德府其实是一个地方。

因为西门豹治邺给邺城一带的老百姓带来了很大好处，所以今天临漳一带，也包括今天的安阳市一带，有许多西门豹祠。但究竟是哪一所西门豹祠却很难确定，因为那是一座"不封不树"，什么记号也没有的陵墓，要想找到它是很难的。

有人认为曹操虽然在生前规定他的陵墓"不封不树"，但是他的儿子曹丕等人安葬他的时候，为了上坟祭祀的需要，不可能一点记号也不做。难道把他埋了以后就什么也不管了？这恐怕有些不近情理，也不符合中国人"慎终追远"的孝道。

《三国志》明确记载曹操的陵墓称为高陵，即使"不封不树"，但在地名上也许会留下叫高陵的村庄。如果能对今天临漳、安阳一带的新旧地名进行一次深入的挖掘和普查，也许可以找出一些关于曹操陵墓的线索。

究竟有没有七十二疑冢

在今天临漳县三台村以西八里处，确实有个地方叫讲武城，有人认为那可能就是《三国演义》所说的彰德府讲武城。从那里向西直至磁县，也就是今天安阳市北郊的丰乐镇一带，的确有许多像小山头那样的大土堆，当地有人叫它们"曹操坟"。这些可能就是所谓的72疑冢。

从前有人盗掘过其中的几座，也的确挖掘出了一些墓碑之类的东西，但是那些都是北魏和北齐时代的王公大臣的坟，比曹操晚了二三百年。

如果那些大土堆原先的确是曹操的疑冢，是后来被北魏、北齐的王公大臣坟上筑坟，加以占领，那么不知当年他们坟上筑坟时是否深挖过，有没有在其中的一座挖掘到曹操的遗体或其他与之有关的随葬品之类。查遍北魏北齐的史书，不见有这方面的记载。

也有人认为曹操生前叫人修72座疑冢，是故意布下的迷魂阵，很可能72座疑冢都是空的，曹操的遗体则葬在另一个秘密的地方。足智多谋的曹操不可能想不到，如果他葬在72疑冢中的某一座之中，那么后人把72疑冢全都挖开，不就找到他的遗体了吗？看来曹操决不会这么傻。

古往今来，有许多文人墨客曾到讲武城至丰乐镇一带的曹操72疑冢处凭吊，并想对曹操的陵墓进行探索和考察，但是都没有什么收获。曹操曾有句话："宁教我负天下人，休叫天下人负我。"他生前多次设下计谋，欺骗了许多人，到死时居然还设下这样诡秘的计谋，不让后人知道他的陵墓在哪里。从这里足可以看出曹孟德狡猾、多疑、工于心计的性格特点。

安阳曹操墓的真假

2008年，河南省文物局拟对安阳县境内一东汉大墓进行抢救性发掘。2008年12月，经报国家文物局批准，河南省文物局组织河南省文物考古研究所开始进行发掘工作。

2009年12月27日，河南省文物局公布，高陵经考古发掘得到确认，其位于河南省安阳县安丰乡西高穴村南，确实就是曹操墓。

由于该墓葬西面是砖场取土区，墓扩西部填土被下挖约5米，使其局部暴露出来，引起多次盗掘。这座东汉大墓，曾多次被盗掘，但仍幸存一些重要的随葬品。据统计，出土器物250余

件，包括金、银、铜、铁、玉、石、古、漆、陶、云母等多种质地。器类主要有铜带钩、铁甲、铁剑、铁镞、玉珠、水晶珠、玛瑙珠、石圭、石壁、石枕、刻名石牌、陶俑等。

其中刻铭石牌共出土59件，有长方形、圭形等，铭文记录了随葬物品的名称和数量。极为珍贵的有8件，分别刻有"魏武王常用虎大戟"、"魏武王常用虎短矛"等铭文。在追缴该墓被盗出土的一件石枕上刻有"魏武王常用慰项石"铭文。这些刻有"魏武王"铭文的石牌和石枕，证明墓主人就是魏武王曹操。据文献记载，曹操生前先封为"魏公"，后进爵为"魏王"，死后谥号为"武王"，其子曹丕称帝后追尊为"武皇帝"，史称"魏武帝"。出土石牌、石枕刻铭称"魏武王"，完全符合曹操下葬时的称谓。

同时，该墓还出土有大量画像石残块。这批画像石画工精细娴熟，雕刻精美，内容丰富，有"神兽"、"七女复仇"等图案，并刻有"主簿车"、"咸阳令"、"纪梁"、"侍郎"、

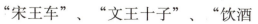
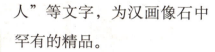

"宋王车"、"文王十子"、"饮酒人"等文字，为汉画像石中罕有的精品。

在墓室清理当中发现有人头骨、肢骨等部分遗骨，专家初步鉴定为一男两女3个个体，其中墓主人为男性，专家认定年龄在60岁左右，与曹操终年66岁相近，推测是曹操的遗骨。

一直以来，安阳曹操墓的真假饱受质疑，而不断公布的对墓中出土石质文物研究结果，成为曹操墓身份证明的有力证据。著名考古专家、中国社科院考古研究所研究员刘庆柱表示，曹操墓出土的石牌等石质文物，是一种非常特殊的石灰岩，学名叫作鲕状灰石，这种石头经过几亿年才能形成，自然界非常难找，"造假"几乎是不可能的。

目前，在主墓的周边又新发现6座陪葬墓，而曹操口含的水晶珠也已鉴定为稀世翡翠。

在线小知识

刘邦墓也叫长陵，位于陕西省咸阳市窑店镇三义村北。陵址选在咸阳原的最高点，即秦咸阳宫的旧址之上，南与未央宫隔河相望，北倚九山，泾渭二水横贯陵区。在此可俯瞰长安胜景。

多地都有的扁鹊墓

医术高超的扁鹊

根据史籍记载：扁鹊的本名叫秦越人，是齐国渤海郡人。他的医术师承长桑群，由于他刻苦钻研，达到了博精相辅、享誉天下的至高境地。他对各科医术都十分擅长，尤其是在诊脉方面最为突出。

扁鹊，是一位对中医学的形成和发展作出过决定性贡献的大医学家。他一生倡导和推崇脉学，反对巫医骗术，这不但在当时难能可贵，而且对后世影响深远。直至今天，中医界仍把他提出来的脉学原理奉为经典。

扁鹊墓究竟在哪里

因为扁鹊的医术太高，名声太大，所以，引起了小人的妒忌。当时的秦国太医令李醯，自知医术难比扁鹊，却又不愿名落他人之后，于是，便雇佣刀手，刺杀了扁鹊。可惜，这样一位医学巨人，竟然死于非命。而史学家对他的后事并无记录，导致了扁鹊的后事成为千古之谜。在过了近千年的时间以后，关于扁鹊的墓地的种种说法却出现了。

在河南省汤阳县，有扁鹊的墓和祠。据传说，这里原来是一道名为伏道冈的山冈。伏道冈的名字就来自于扁鹊当年被"庸医恶其胜己，伏于道侧，谋而杀之"的典故。这些至今尚存的墓和祠，没人能说清楚它们立于什么朝代，只是墓旁的各种碑刻都是元代以后各朝刻上去的。

在山西省永济县清华镇，也有扁鹊的祠和墓。墓前有一对石羊及宋、明时代的碑刻。墓的周围还保存着完整的石墙。永济是战国时的解虞，扁鹊曾经在此行过医。不过，同样没人能说清，墓和祠是什么时代建立的。

坐落在山东济南北郊鹊山西麓的扁鹊墓，墓前石碑署"春秋卢医扁鹊墓"。鹊山之名就来自神医扁鹊。传说扁鹊曾在山上炼制丹药，死后就葬在了此山脚下，因此山以人显，遂改为鹊山。扁鹊葬于鹊山的传说事过2000多年，口耳相传。

在河北邢台内丘县西，有扁鹊庙，相传扁鹊被害于秦，虢太子千方百计把扁鹊的头颅从秦国找回，葬在邢台内丘的蓬山，并立庙祭祀，由此这个山村便更名为"神头"。

据《内丘县志》记载，扁鹊庙汉唐有之，始建不详。自汉

至今，历代均有修葺，现存为元代建筑，是全国最早、最大、最著名的纪念扁鹊的古建筑。

除了以上说法之外，还有其他的不同说法。在山东济南市西郊，原长青县志载，"今卢地有越人墓。"秦越人，即扁鹊也。在陕西临潼县东北1.5千米南陈村，相传扁鹊被害于此，就地掩埋的。相传还有河北的任丘等。

没有最终的定论

因为年代久远，难以考证以上各种说法的真伪。而且陕西、山西、山东、河南、河北诸省在春秋战国时代，分属秦、韩、齐、魏、赵各国，正是历史上记载的扁鹊行医周游时经过的地方。而谋害他的人，在任何地方都可能下手。

前无记载，后无依据，谁也无法辨别哪一座扁鹊墓是真。可能当年他曾行医治病的地方的百姓感怀其德，修冢筑墓纪念他，因而造成了今天扁鹊墓各地都有的局面。

在线小知识

扁鹊行医周游列国，被害于何地也是一个谜。扁鹊在祖国医学史中享有崇高的地位，一直受到人们的敬仰，在多地建庙立碑来纪念他。其中，河北邢台内丘扁鹊庙、山西永济扁鹊庙规模较大。

跨国的杨贵妃墓

马嵬镇的杨贵妃墓

杨贵妃墓坐落在陕西省兴平县马嵬镇西5000米处，紧靠西宝公路，距兴平县城12.5千米。它是一个比较小的陵园。大门顶额横书"唐杨氏贵妃之墓"7字。进门正面是一座三间仿古式献殿，穿过献殿便为墓冢，高约3米，封土周围砌以青砖。

杨贵妃死后，就地掩埋，马嵬坡就成了她的墓地。据说，杨贵妃缢死时掉下一只靴子，马嵬驿的一个驿卒拾到后，带回家交给母亲保存，引得周围村落的人都前来观看。过客每看一次，就要收取百钱。尽管如此，看的人依然络绎不绝。后来，唐军收复长安，唐玄宗返回宫中，听到这个消息，就叫人以高价买下靴子，埋在这座贵妃墓中。

自1985年以来，当地政府对贵妃墓进行修葺，新修了围墙、碑廊、献殿、亭子。特别是在墓园后面增设了一座6米高的杨贵妃大理石雕像，现成为人们来此旅游留影的最佳之地。

碑廊嵌有大小不等的石碑数通，刻有历代名人来此的题咏。

晚唐诗人罗隐路经马嵬坡作诗说："马嵬杨柳绿依依，又见銮舆幸蜀归。泉下阿环应有语，这回休更罪杨妃。"

鸦片战争后被谪戍伊犁的林则徐，路经陕西曾题太真墓诗："六军何事驻征骖，妾为君王死亦甘。抛得峨嵋安将士，人间从此重生男。"

在熙熙攘攘的游人里，还有不少海外来客，其中日本人为数最多。香魂归何处，天下竟有两座贵妃墓，其中一座就在日本，所以他们特地来看个究竟。

黄海彼岸的日本贵妃墓

1963年，一位日本少女在电视台展示了她的家谱和古代文献，言之凿凿地称她为杨贵妃在日本的后裔，在日本引起了一阵小小的轰动。

在日本史学家邦光史郎的《日本史趣事集》、渡边龙美的《杨贵妃复活秘史》以及我国《文化译丛》上刊载的译自日本的《中国传来的故事》里面，都讲述着一个未死的杨贵妃的故事。

据说，杨贵妃在马嵬坡并没有被缢死，而是由陈玄礼、高力士策划，用一个宫女做替身死去，然后叫人护送贵妃南逃。当时我国同日本有海上交往，经过艰险的漂泊，终于在日本久津半岛的唐渡口登陆，定居在油谷汀。由于长期颠沛流离，贵

妃身染重病，不久就死去了。当地人对她深表同情，把她安葬在那里。

杨贵妃墓坐落在风景秀丽的油谷汀，背倚微微起伏的山冈，面临平阔壮观的大海，墓基是一块由乱石组成的面积有几十平方米的平台，台上有5座石塔，日本人称它为"五轮"，相传，杨贵妃就安眠在五轮塔下。

后来，唐玄宗终于知道了杨贵妃客死东瀛的消息，哀痛欲绝，为了给贵妃祈福，他派白马将军陈安带了两尊佛像——释迦如来和阿弥陀如来，准备安置在杨贵妃归宿之地。陈安将军踏遍了日本大小列岛，没有找到这个地方，只好把这两尊佛像暂时安放在京都清凉寺之后回国。

后来，日本当局发现了杨贵妃墓地，要清凉寺交出佛像。清凉寺则认为佛像在清凉寺安置已久，评价甚高，名声日大，不愿

意将佛像交出。

作为一种变通的办法，他们请日本最负盛名的工匠，照原像制作两尊，把4尊佛按新旧搭配，留两尊在清凉寺，另两尊在贵妃墓地建两尊院安置。

如今，两尊院的两尊佛像被指定为日本国家重点保护文物，油谷汀的两尊院墓地和五轮塔，则是山口县级指定有形文物。据说贵妃墓前香火不断，因为人们认为朝拜了杨贵妃墓，就可以生得漂亮可爱的儿女。杨贵妃喜欢吃的山东肥城桃，已被日本大津郡引种、栽种，被称为"杨贵妃桃"。

杨贵妃的生死别离之谜

杨玉环本是个普通的女子，只是因为天生丽质和聪颖柔顺，一见夺于前夫，二见杀于后夫，中间虽是过了10多年尊崇荣贵的日子，但与政治是毫不相干的。她只是一只温驯的替罪羊而已。

1000多年过去了，杨贵妃之死引起的嗟、怨、赞、叹，早已成了历史。至于她同唐玄宗的生离死别，将是一个永恒的谜团。

同样作为古代四大美女之一的西施，她在帮助勾践复国后便过着隐居生活。至于她的墓，有的认为在今天的上海市，也有的认为她与范蠡合葬在安徽省涡阳县西阳镇。

在线小知识

简单易盗的南宋皇陵

山坳里的南宋皇陵

南宋皇陵区属大宋王朝陵区的一部分，位于今浙江省绍兴市皋埠镇境内镇宝山的山坳里。

南宋与北宋相对，共有9位皇帝，葬在皇陵区的只有6位，后3位都是小皇帝：宋恭帝赵显3岁当皇帝，5岁被攻陷临安的蒙古军掳走，不知下落；宋端宗赵昰10岁病死；最后一位宋帝昺赵昺，被陆秀夫背着跳了海。

所以南宋的皇陵区又叫"宋六陵"，包括宋高宗赵构的永思陵、宋孝宗赵昚的永阜陵、宋光宗赵惇的永崇陵、宋宁宗赵扩的

26

永茂陵、宋理宗赵昀的永穆陵和宋度宗赵禥的永绍陵。除了这6座皇陵外，还有近百座后妃、皇室贵族墓，是历史上江南地区最大的皇陵区。

南宋皇陵的风水巧合

为什么南宋陵区会选在绍兴市境内，而不是在临安附近卜选？这也是当时"五音利姓"风水理论影响的结果。

1131年，随宋高宗南渡的宋蜇宗昭慈皇后孟氏病死，遗诏给宋高宗，要求"攒殡"。所谓攒殡，就是将棺材暂时集中安葬，收复中原时再重新迁葬于河南巩义的祖陵区。

宋高宗派出懂风水的朝臣出去卜地，最后相中绍兴市东南面镇宝山北面一大片平地，即当地人所说的山岙。朝臣称，这里是不可多得的风水宝地。但在一般人看来，这里就是一条穷山沟。

可是，这山岙的风水到底有什么好？《绍兴府志》记载了杨

华在宋宁宗死后奉诣卜地后的上奏："泰宁寺之西，山冈伟峙，五峰在前，直以上皇，青山之雄，翼以紫金，白鹿之秀，层峦朝拱，气象尊崇，有端门、旌旗簇仗之势，加以左右环抱，顾视有情，吉气丰盈，林木荣盛。"

绍兴在杭州的东南方，根据当时宋朝皇室迷信的"五音利姓"理论，正位于"国音"有利的方位。后来所有陵的山向也都得朝着北方，有人说这是北望祖陵、不忘收复河山的意思，实际是与"五音利姓"的风水方位巧合。

南宋皇陵的风水巧合，还有另外一个说法是，河南巩义皇陵区的东南面有一座山叫青龙山，而刚好皋埠镇东南面当时也有一座青龙山。这么多巧合，陵区自然就是这里了。此后，包括皇帝在内，南宋所有皇室人员死后均葬在这里。

构造简单的南宋皇陵

因为是攒宫，临时的建筑，所以南宋皇陵造得比较简单，虽然也有上宫和下宫，规制却不能与巩义皇陵相比，竟然没有古代帝王陵寝必设的核心建筑——地宫。

宋皇陵的地宫有自己的叫法——皇堂。其实这皇堂不过是石质墓穴，实际也就是一种大的"石棺罩"。

没有地宫也就没有墓道，所以南宋的攒宫与民间富贵人家做墓并无太多区别，甚至有所不及。

据《思陵录》记载，石藏离地面仅"深九尺"，折算起来是2米多一点，比北宋皇陵平均30米深的尺寸，浅了许多。《思陵录》的作者是宋高宗的右丞相周必大。他当时亲护宋高宗的梓宫

下葬，所记翔实而可信。

　　因为葬得这么浅，给盗墓者带来了方便。如果说北宋皇陵在反盗墓设计上存在明显的缺陷，而南宋帝王陵则根本就没有考虑安全。所以，后来西僧杨琏真伽盗陵时不用费劲，把陵上很薄的夯土层挖掉后，就露出了石室和棺材。不但把里面的金银珠宝盗走，接着永绍陵、永茂陵、永穆陵以及大臣们的坟墓一百多处，全被盗掘。

　　北宋皇陵位于河南省巩义市的西村、芝田、市区、回郭镇一带，有7个皇帝及赵弘殷（赵匡胤之父）均葬在巩义，通称"七帝八陵"，是一个规模庞大的皇家陵墓群，堪称为露天艺术博物馆。

29

谜团重重的西夏王陵

"东方金字塔" 西夏王陵

西夏王陵位于宁夏回族自治区银川市西约30千米的贺兰山东麓，是我国现存规模最大、地面遗址最完整的帝王陵园之一。它是西夏王朝的皇家陵寝。1988年，被国务院公布为全国重点文物保护单位、国家重点风景名胜区，被世人誉为"神秘的奇迹"、"东方金字塔"。

西夏是党项族建立的封建政权，在1038年至1227年的190年中，先后跟北宋、南宋相对峙。根据考古工作者在1927年至1975年对王陵中第八号陵墓发掘所获得的文物资料，结合有关史书中的记载来看，可以知道西夏王国具有严密的政治制度、比较完备的法律和独树一帜的西夏文字，是西北地区一个比较强大的封建王朝。

公元13世纪，成吉思汗结束了蒙古草原上长期分裂的局面；蒙古迅速兴起并日渐强大，开始对外扩张和掳掠，首当其冲的便是西夏。22年间，蒙古先后6次伐夏，其中成吉思汗4次亲征。

1227年，成吉思汗包围夏都兴庆府达半年。威震四方的成吉思汗虽战无不胜，讨伐西夏却遭西夏人拼死抵抗，陷入苦战之局，蒙古军队付出了极其惨重的代价。经过一番血雨腥风，蒙古大军集中兵力攻下了西夏都城兴庆府，四处抢掠、大肆屠杀，铁骑所到之处，白骨遍野。

经历189年的西夏王朝灭亡了，党项族也从此消失。只有贺兰山下一座座高大的土筑陵台——西夏陵，仍然默默矗立在风雨之中，展示着神秘王朝的昔日辉煌。

西夏王陵的范围东西宽约4000米，南北长约10千米。在这个约40平方千米的陵园里，8座王陵及其附属的70多座陪葬墓，按时代先后，依山势由南向北顺序排列，形成了一个整齐的墓葬群。

每座王陵占地约10万平方米，都舍弃贺兰山的石头不用，一律用夯土筑成。原

先都有自己的阙门、碑亭、月城、内城、献殿、内外神墙、角楼等附属建筑，由于年深月久，如今每座陵墓的附属建筑多已毁坏，但是陵墓的主体依旧巍然挺立，向人们显示着西夏王国的历史风貌。

西夏王陵的四大谜团

谜团一：8座西夏王陵为什么没有损坏？王陵的附属建筑都已毁坏了，但以夯土筑成的王陵主体却巍然独存。根据年代推算，最早的一座王陵距今约900年，最晚的一座也超过了700年。

有的人认为西夏王陵的平面总体呈纵向长方形布局，主要是夯土实心砖木混合密檐结构。正是西夏王陵通过这种夯土方法和砖木混合密檐结构相结合，创造出我国园陵建筑中别具一格的形式，坚固实用这也就是王陵主体依旧巍然耸立的原因之一。可是，许多砖石结构的建筑经受风雨的侵蚀已倾毁倒塌了，更何况是夯土建筑。

有人则认为是王陵周围原有的附属建筑保护了王陵主体，使它免受了风雨的侵袭。可是那些附属建筑有的早已不存，很难说它们起了保护王陵主体的作用。

还有人认为王陵在贺兰山东麓，西边的贺兰山就是王陵的一道天然屏障，为它们挡住了西北风的侵袭。可是王陵主体和附属建筑同样都在贺兰山的屏障之下，为什么附属建筑都已毁坏而王陵主体却安然无恙呢？

谜团二：王陵上为什么不长草？贺兰山东麓是牧草丰美之地，西夏王陵的周围也多是牧民放牧牛羊的好地方，可是唯独陵

 中国古墓谜团

墓上寸草不生。

有人说陵墓是夯土筑成的，既坚硬又光滑，所以不会长草。可是石头比泥土更坚硬，只要稍有裂缝，落下草籽，就能长出草来，陵墓难道连一点儿缝隙也没有吗？

有人说当年建造陵墓时，所有的泥土都是熏蒸过的，失去了使野草得以生长的养分，所以长不出草来。可是熏蒸的作用能持久到将近千年吗？陵墓上难免有随风刮来带有草籽的浮土，这些浮土是未经熏蒸的，为什么也不长草呢？

谜团三：王陵上为什么不落鸟？西北地区人烟比较稀疏，鸟兽比人烟稠密地区相对要多一些，尤其是繁殖力较强的乌鸦和麻雀遍地皆是。乌鸦落在牛羊背上，落在树上和各种建筑物上，麻雀更是落在一切可以让它们歇脚的地方，可是它们唯独不落在王陵上。

有人认为王陵上光秃秃的，没有什么可吃的东西，所以不落

鸟类。可是有些光秃秃的石头或枯树枝上，也没有什么可吃的东西，为什么常会落下一大群乌鸦和麻雀呢？难道鸟类也知道封建帝王具有权威而不敢随便冒犯吗？

谜团四：西夏王陵的布局有些令人不解。王陵按照时间顺序或者说帝王的辈分由南向北排列，但是每座王陵的具体位置的安排似乎又在体现着什么事先设计好了的规划。如果从高空俯视，好像是组成了一个什么图形。

有人说那可能是根据八卦图形定的方位，也有人说那是根据风水安排的。可是最早一个国王的逝世到最后一个国王的逝世，时间相差近200年，怎能按照八卦来定方位呢？事先谁能估计到西夏王国要传8代王位呢？

再说，西夏是党项族建立的政权，党项族是古羌族的一支，难道他们也崇拜八卦和相信风水吗？总之，无论是考古专家还是

历史学者，都难以解释王陵的格局呈八卦图形的缘由。这其中蕴含的秘密，一直都是难以被今人识破的谜团。

等待新的发现和考证

西夏王朝给后人留下的谜底，几乎无法从《党项传》和《西夏传》等一些典籍资料中获得一点蛛丝马迹。人们只能从那些废弃的建筑、埋藏的出土文物和残缺的经卷上探寻这个古老王朝的踪迹。

不过陈列在西夏博物馆的一些珍贵文物，依稀折射出这个昔日王朝帝国的灿烂和辉煌：陈列在博物馆的雕龙石柱、石马、琉璃鸱吻和石雕人物像，依旧栩栩如生，光彩照人；收藏的西夏碑文、佛经、佛画和瓷器依然清晰明辨，给人惊叹；特别是188千克的鎏金铜牛，更是西夏文物瑰宝，名正言顺地被写进了历史教科书中。

文化的凝结是社会发展的重要表现。西夏文字是夏国主元昊命大臣野利仁仿汉字制成。这也是西夏文化最伟大的成就。看着这些似懂非懂、似曾相识又难以解读的文字，不禁对少数民族的大智慧而感慨万千！何况西夏文字比汉字更繁复、更有意趣呢。

被称为"高原金字塔"的热水古墓群，坐落在察汉乌苏河北岸山前洪积扇平台上。有大小古墓2000余座，出土的织锦袜、丝织品极为珍贵。这墓葬群中的血渭1号大墓是全国十大古墓之一。

在线小知识

成吉思汗墓的千古之谜

蒙古族盛行的密葬

由于蒙古族盛行密葬，所以真正的成吉思汗陵究竟在何处始终是个谜。所谓密葬，就是在墓地上不留坟冢、碑记一类的标志物。《黑鞑事略》一书中专门讲到蒙古人"其墓无冢，以马践蹂，使如平地"的习俗。

但是按照加宾尼的说法，蒙古人的这种埋葬方式可能还有保密的目的——埋葬后将墓穴填平，"把草仍然覆盖在上面，恢复原来的样子，因此以后没有人能发现这个地点"。

元末人叶子奇的《草木子》一书同样描写了蒙古帝王死后的丧葬情形。他们死后一律被送到漠北墓区深埋，埋毕用万马踏平，待草长之后再解严。那么成吉思汗的亲族要想祭奠他该如何找到埋葬地呢？原来人们会在死者葬地牵来一只驼羔，他们当着母骆驼的面将驼羔杀死并将血洒在墓地。

以后每遇祭祀的时候，人们就把那头母骆驼牵来，如果母骆驼在一个地方久久徘徊，哀鸣不已，那么这个地方就是陵墓所在地。

探寻成吉思汗墓

人们一直认为成吉思汗的陵墓里可能埋藏着大量奇珍异宝，里面的工艺品甚至比秦始皇陵出土的兵马俑还要壮丽。自从成吉思汗死后，虽然中国战乱不断，但是他的陵墓一直没被找到；这意味着陵墓迄今仍完好无损。

于是，有关成吉思汗陵墓的寻找就成了国内外考古界的一大热点。距离时间较近的一次为2000年夏天美国人穆里·克拉维兹的考古活动。他们在2001年7月底在宾得尔山北面的乌格利格其贺里木发现了距地面11米处的一个庞大的陵墓群。但最后证明这实际上是一处假墓地。

对于成吉思汗墓地的具体位置，多年来大致形成了几种说法：一是位于蒙古国境内的肯特山南、克鲁伦河以北的地方；二是位于新疆维吾尔自治区北部阿勒泰山；三是位于宁夏回族自治

区境内的六盘山。

认为在蒙古国肯特山的依据是，有关史料记载，成吉思汗生前某日，曾经在肯特山上的一棵榆树下静坐长思，而后忽然起立，对手下随从说："我死后就葬在这里。"

南宋文人的笔记中也记载，成吉思汗当年在宁夏病逝后，其遗体被运往漠北肯特山下某处，在地表挖深坑密葬。其遗体存放在一个独木棺里。

认为在新疆维吾尔自治区北部阿勒泰山的依据是，成吉思汗在生前曾亲自指定阿尔泰山脉一处人迹罕至的地方，作为自己将来的安葬之地。

认为在宁夏回族自治区六盘山的依据是，有记载说，成吉思汗是1227年盛夏，攻打西夏时死于六盘山附近。有考古专家据此认为，按照蒙古族过去的风俗，人去世3天内就应该处理掉，为的是怕尸体腐烂，灵魂上不了天堂。因此，成吉思汗去世后就地安葬的可能性很大。

后来从内蒙古自治区传来消息，成吉思汗墓可能坐落在内蒙古自治区鄂尔多斯市伊金霍洛旗甘德利草原上。此墓地距离鄂尔

多斯市内的成吉思汗陵不足200千米。

但据了解，证明是成吉思汗葬身之地的石窟尚缺乏直接证据。石窟是当年成吉思汗养伤所在地。内蒙古自治区社科院著名研究员潘照东认为阿尔寨石窟是证明成吉思汗陵就在附近的重要的遗迹之一。石窟中壁画的内容与《草木子》中记载的成吉思汗下葬后万马踏平墓地未留坟冢的场景不谋而合。

此外，洞窟中其他的壁画是网格状的，只有这幅壁画从上到下为7层呈阶梯状分布，而石窟门口的西夏浮雕也是分级的，二者风格极为相似。

成吉思汗是在征服西夏的军旅途中因病逝世的，而阿尔寨石窟又是当年成吉思汗养伤时的所在地，所以石窟中的遗物有明显的西夏建筑风格是完全合理的。

鄂托克旗附近的"百眼井""驼羔梁"等是成吉思汗晚年活动的另外几个遗迹。据潘照东介绍，传说中的"百眼井"因风沙的侵蚀而埋没，如今只剩下了80多眼，但井壁非常光滑圆润，而且分布合理。

据说，"驼羔梁"就是当年在成吉思汗墓地杀死幼骆驼的地方。驼羔在母骆驼眼前被杀时，母骆驼急得像发了疯一样。为了防止发疯的母骆驼四处伤人，士兵们就搬来一块中间有窟窿的巨石并插上木杆，拴住母骆驼。可惜的是这块巨石早已无从寻觅了。

没有最终的结论

从蒙古人的习俗和过去信奉的萨满教来看，蒙古人祭奠先人

主要是祭灵魂，不是祭尸骨。按照蒙古民族习俗的说法，人将死时他的最后一口气——灵魂将离开人体而依附到附近的驼毛上。

按照记载，成吉思汗去世时，拿白色公驼的顶鬃，放在成吉思汗的嘴上和鼻子上，如果不喘气了，说明灵魂已经附着在这片白色驼毛上，这时遗体就可处理掉，而把驼毛保存在衣冠冢里。

20世纪50年代成吉思汗陵落成时，曾经打开过银棺，发现了这团驼毛。位于我国内蒙古自治区鄂尔多斯市伊金霍洛旗的成吉思汗陵，一直受到海内外的关注，这里每年都要举办大祭仪式，蒙古族民众视其为圣地。不过，也有人认为这里只是成吉思汗的衣冠冢。因为成吉思汗陵供奉的银棺灵柩中，保存的是成吉思汗逝世时的灵魂吸附物——白公驼顶鬃，而不是成吉思汗的遗骸。

蒙古族人不赞成大规模挖掘成陵。因为按照蒙古族传统，打搅死者灵魂是对死者的不敬，遗体没有保存价值，关键是灵魂不灭。大规模的考古违背草原祭祀文化，遭到反对。实践证明，一直也没有弄出什么来。

鄂尔多斯草原上一直流传着这样一个美丽的传说：当年，成吉思汗率领军队西征西夏时，路经鄂尔多斯草原的包尔陶勒盖，目睹这里水草丰美、花鹿出没的美景，十分陶醉，留恋之际失手将马鞭掉在地上，随从要拾马鞭时，被成吉思汗制止。

大汗有感而发，吟诗一首："花角金鹿栖息之所，戴胜鸟儿育雏之乡，衰落王朝振兴之地，白发老翁享乐之邦。"并对左右说："我死后可葬此地。"

成吉思汗在六盘山逝世后，属下准备将他的灵柩运回故地安葬，但灵车路过鄂尔多斯草原时，车轮突然深陷地里，人拽马拉纹丝不动。这时，大家想起了成吉思汗生前的话，于是，就地将成吉思汗安葬在了鄂尔多斯草原上，并留下500户"达尔扈特"人守护。

因此，真正的成吉思汗墓的具体位置，它将永远成为一个谜。让那些愿意猜谜的人继续去探求这个谜底吧。

在线小知识

成吉思汗是世界史上杰出的政治家、军事家。1271年世祖忽必烈定国号为元，追认成吉思汗为太祖。成吉思汗在位期间多次发动对外征服战争，征服地域西达西亚、中欧的黑海海滨。

清东陵墙外的昭西陵

孝庄文皇后的遗念

在清东陵陵区的外面，有一座黄瓦红墙的建筑格外引人注目，它就是清东陵的昭西陵，陵中安葬的是清朝初年有名的孝庄文皇后。

孝庄文皇后是清太宗皇太极的妃子，顺治皇帝的亲生母亲，康熙皇帝的祖母。她一生历经数朝，竭力辅佐儿孙两代幼主，为清朝定鼎天下立下了汗马功劳。

1668年，孝庄文皇后患病，康熙心急如焚，遂带诸王贝勒、文武百官从乾清宫步行到天坛，祈求上天减少自己的寿命换得祖

母的平安，感动得文武百官随之落泪。然而，终因回天乏术，孝庄文皇后在慈宁宫去世，享年75岁。

孝庄文皇后在去世前留下遗言："太宗文皇帝梓宫安放已久，不可为我轻动，况我心恋汝皇父及汝，不忍远去，务于孝陵近地，择吉安厝，则我心无憾矣。"

暂安奉殿的修建

康熙虽然是大孝，但是祖母的遗言，确实让康熙皇帝左右为难：如果按祖制将祖母送往盛京，也就是今天的辽宁省沈阳与祖父皇太极合葬，那显然违背了祖母的遗愿，也是康熙最不愿意的。

可是要按照祖母的吩咐葬在孝陵附近，又违背了祖制，一时不知道如何是好。

康熙皇帝最后采取了一个折中的办法，就是在东陵的前面、风水墙外建一座暂安奉殿。康熙还下令把他为祖母生前修建在慈宁宫的一座面阔五间、恢弘壮观的宫殿拆运到东陵重建，并再三叮嘱拆卸时原件不可缺损，基址务必牢固等。

经过3个月的紧张施工，于1689年3月竣工。由于不是正式陵寝，所以命名为"暂安奉殿"。

昭西陵的修建

然而，康熙皇帝采取的两全其美的办法，竟让孝庄文皇后暂安了近40年。1725年孝庄文皇后的葬地问题才被提到了议事日程。雍正认为孝庄文皇后的棺椁停在暂安殿内不是长久之计，况且暂安奉殿的所在地就是上吉佳壤，可以改建为陵寝。工程于1726年初开工，12月完工，12月10日，孝庄文皇后的棺椁才被正式葬入地宫。

由于皇太极的陵叫昭陵，位于东北的盛京，而孝庄文皇后的陵建在河北的遵化，方位是昭陵的西面，按照清朝皇后陵命名的办法，将孝庄文皇后的陵定名为昭西陵，表明昭西陵与昭陵是同一体系。从此，清东陵的风水墙外就有了人们所看到的昭西陵。

从这充分说明昭西陵与清东陵是两个不同体系，所以把其葬在东陵陵区之外，以示区分。

专家认为，昭西陵建在风水墙外是有一定道理的，因为风水

墙内，顺治皇帝已经占据了至高无上的位置，作为母亲的孝庄文无论再葬在任何一个地方，地位都会低于她的儿子，所以建在风水墙外是比较合适的。

昭陵是清朝第二代开国君主太宗皇太极及孝端文皇后的陵墓，是清初"关外三陵"中最大的一座。昭陵还葬有关睢宫宸妃、衍庆宫淑妃等后妃佳丽，是我国现存最完整的帝王陵墓建筑之一。

世界古墓透视

　　举世闻名的金字塔是古埃及法老死后的永久性住所，也是世界上最著名的古墓。由于金字塔建造奇特，工程量浩大，用途广泛，每天都吸引着成千上万的人去寻找那早已逝去的神秘世界。

没有尸主的埃及金字塔

金字塔是法老的坟墓吗

在古希腊作家希罗多德的笔下，胡夫是埃及的一个法老。他非常残忍。当他花完他所有的财富时，就命令他的女儿到妓院去为他挣钱。忠诚的女儿只好照办。但是，她同时向每一个她侍奉的男人要了一块石头作为礼物，因为她希望除了这些男人外，她还能为后人留下点别的以便为人记住。用这些石头，她建造了一个巨大的金字塔，该塔现在仍然坐落在尼罗河附近的吉萨高原上。

一些中世纪的作家相信，在埃及粮食充裕时期，金字塔曾经被用来储藏谷物。近来，金字塔被人描述为日晷仪和日历、天文观测台、测量工具以及天外宇宙飞船的降落点。

但是人们一般认为金字塔是法老们的坟墓，大部分享有声望的埃及学者也相信这一理论，而且他们的理由很充分。金字塔散布于尼罗河的西岸，根据埃及神话，这里与日落以及通往来世的路途都相通。

考古学家们在附近发现了葬礼仪式使用的小船。据说，法老们正是乘这些船驶往来世的。而且金字塔周围环绕着一些可能属于法老宫廷成员的其他坟墓。

探寻金字塔尸主

大部分人认为许多金字塔内有石棺或木棺。19世纪之前，考

古学家在石棺上或在石棺附近发现了一些神秘图画，它被认为是用来帮助法老们从一个世界通往另一个世界的咒语：某些宗教子弟念的符咒。

然而，坟墓理论缺乏一个最主要的证据，即法老们的尸体。在19世纪和20世纪早期，探索者们和考古学家们进入了一个又一个的金字塔。倘若他们发现有看似胡夫棺木的东西，他们就会屏息打开，但是每一次发现木棺总是空的。

对于空坟墓最广泛的解释是金字塔遭到了洗劫。其实，大部分盗墓者对法老们的财宝比对他们的尸体更感兴趣，所以他们当然不可能花时间确保法老们的尸首被妥善保存，他们也不可能留下任何被纯金覆盖的木乃伊。

从盗墓者为搞乱坟墓的所作所为来判断，最早的盗墓者很可能是古代埃及人自己。例如，在阿蒙海特三世的金字塔中，塔的入口通往一个小的空室，这个空室把人们引向一个没有出口的通道。

通道的顶端是一块重22吨多的巨石，把巨石往两边推滑，一个往上的通道就会显现出来，这个通道同样好像没有出口。一面墙上有一个隐藏着的砖门通向第三个通道，然后在通道的顶部又有两块可以滑动的巨石，接着才到达前厅，最后也就到达法老的埋葬室。

然而，所有这一切努力都是徒劳无功，都不可能阻挡住盗墓者。他们的决心不仅使考古学家，而且使后来的寻宝者，像9世纪时阿拉伯的统治者阿卜杜拉·阿尔·玛穆恩感到气馁。阿卜杜拉留下了一份在他看来是首次进入胡夫金字塔的探宝经过的详细报告。

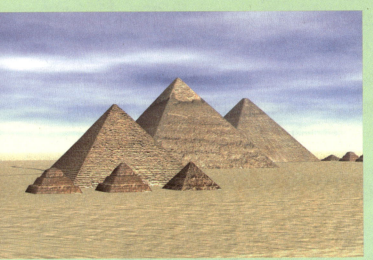

阿卜杜拉在带领队员们经过了一系列伪装的通道和堵塞的入口之后，他最终到达了埋葬室，在那里，除了一个空的石棺之外，他什么都没有发现。

在拿破仑征服埃及之后，到达埃及的欧洲探险者们对石头上的雕刻比对珠宝更感兴趣，但是相对于埃及和阿拉伯的先行者，他们对法老纪念碑少许表示了几分尊敬。

1818年，曾经在马戏团待过的健壮的探险者乔维尼·贝尔兹尼用夯锤打通了胡夫之子胡弗雷的金字塔墙壁。

贝尔兹尼当时正忙于为即将在伦敦举办的展览而收集展品，他在看似埋葬室的地方花了很长时间寻找法老的尸体。他发现的唯一骨头是一头公牛骨，可能是某些偷走法老尸体的早期盗墓者扔在石棺室中的。

探寻中的意外发现

对财宝和尸体的探寻在1923年有了回报。这一年，英国考古学家霍华德·卡特发掘到图坦卡蒙的坟墓。在墓中，卡特找到了许多华丽、完整的财宝，正因为如此，"图坦国王"很可能是现在人们最熟知的法老。财宝中包括一个金棺和法老尸体上放着的一个金面具。

这次的发现对于金字塔尸主的研究并没有重大意义，因为图坦卡蒙没有埋在金字塔里。他的坟墓可能被分散在国王山谷中的岩石里。更让考古学家们感到不安的是之前的一些考古学家的相继离奇死亡。

1925年，也就是在图坦卡蒙墓被发现两年之后，乔治·安德鲁·赖斯纳带领一队美国考古学家在胡夫大金字塔脚下考察。一位摄影者在试图放置照相机三脚架时，碰巧擦掉了堵在一块隐藏于岩石中的裂缝上的灰泥，露出了一个30多米深的井状通道，该通道从顶部到底部都用砖石砌成。他们花了两周时间才到达通道的底部。

在那个墓里，赖斯纳发现了胡夫母亲赫特菲尔斯王后的棺材。由于坟墓隐藏得如此完好，赖斯纳希望能够发现一个完整的墓葬，但是石棺是空的。当从失望中醒悟过来之后，考古学家们

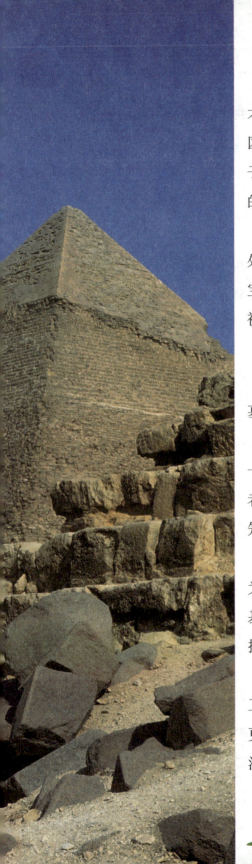

才注意到埋葬室的墙壁上有一块泥灰区，在它的后面，他们找到了一个小匣子。匣子里面装着经过防腐处理的王后的内脏。

赖斯纳猜测王后也许曾经被葬在别处，在盗墓者为了获取包裹于其下的珠宝而搬动她的尸体后，她的残骸可能是被重新埋葬在她丈夫和儿子附近。

希望之火的熄灭

1951年，在金字塔中找到一个完整墓葬的希望重新被点燃。

这一年，在吉萨南面大约6000米处一个名叫撒卡拉的地方，一位埃及的学者扎卡赖亚·戈奈姆发掘了一个以前未知的金字塔废墟。

这个金字塔以前从未被注意过，因为它的建造者们从未使它的高度超过地基之上，这使得它后来被撒哈拉沙漠所掩盖。

戈奈姆在开始的时候以为一个未完工的金字塔不可能有什么重大的意义，更不用说找到法老的遗骸了。但是当他沿着一个低浅的沟壕通往一个隧道时，

他的期望突然升高。

当他挖通了三堵石墙后，他变得相当激动：如果盗墓者曾光顾过的话，那么他们在出来后不会重新把墓封闭好。

在金字塔中发现的珠宝似乎进一步表明这里是一个盗墓者从未光顾过的坟墓。

戈奈姆到达埋葬室之后，经过确认那是一位鲜为人知的法老塞克赫姆克赫特的坟墓。当戈奈姆看见一个金棺时，他和他的同事们激动得又哭又跳，并且相互拥抱在一起。

几天后，当着一群学者和记者的面，戈奈姆下令打开棺材。让所有在场人震惊的是棺材是空的。

在线小知识

2011年5月埃及利用卫星技术，发现了多座被沙埋葬的金字塔和古代定居点，包括藏于地下的17座金字塔3000个古代定居点。他们还用距地球450千米的红外设备探测到了1000多个墓地等。

金字塔里的神秘通道

石板后面的未知世界

早在2002年，"金字塔漫游者"在该通道试验行走过程中就曾失败过：当时机器人行走到石门前，突然发现有个断裂层形成了一个斜坡，"金字塔漫游者"尝试了几次都未能爬过去。

另外，摄像头如何能在各种情况下正常工作也是个难题，所以这次"漫游者"特地配备了4至5个摄像头，多个光源，以形成立体的光线背景，这样可以确保传回来的画面更稳定和富有现场感。机器人把摄像探头伸进洞中，石板后面的世界出现了。

一个狭小的空间，里面空空如也，却把神秘继续遗留下来了——另一堵石门堵住了通道，但它有缝隙。这是又一扇门，不是死胡同，人们的好奇在直播结束后有增无减。

哈瓦斯博士事后大胆地发表了他的猜测："我们看到了另一扇封闭的门。它看起来似乎封存了一些东西；一些非常重要的东西还藏在后面。"

石墙后面的神秘地道

著名的埃及吉萨高地占地约50平方千米。几千年来，它一直以众多的金字塔、狮身人面雕像和多处古庙宇的残垣让人们叹为观止。来自世界各地的考古学家还不断有新的发现。

据俄罗斯《总结》周刊2003年第四十二期报道：一个国际考古小组在埃及金字塔下面发现一个迄今为止尚未被人发现的庞大地下建筑群，这个发现在世界上引起了轰动。考古学家们认为，金字塔地下的地道网有可能伸展到好几十千米以外。

事情经过是这样的：一名埃及考古队员在发掘一座陵墓时，无意中往墙上一靠，石墙随即坍塌，人们便发现一条不知有多深的地道。因为科学家们都知道，金字塔周围是一个大坟场，这里埋有法老们的近亲和忠臣，因此可以得出结论，整个吉萨高地的下面都可能穿通了地道。

现在，当地和外国的考古学家正在忙于绘制金字塔下面地道的地图，既在地面上开展工作，也求助于空中摄影。人们都坚信，通过对地道的研究，可能进一步揭开吉萨地区众多金字塔的秘密。

石墙后面的秘密通道

2004年，来自巴黎的考古学家贾克斯·巴德特和佛郎西·达曼向新闻界宣布，经过12年的证据收集和分析，他们最终确定，秘密通道可能藏在大金字塔无数石墙的后面。他们对一系列线索进行分析后终于断定，大金字塔中可能存在未发掘的密室。

巴德特和达曼向媒体透露，他们计划向大金字塔所在地政府详细展示这个惊世发现。他们说，研究表明金字塔内许多走廊墙壁的结合处都是为掩人耳目所设的"烟幕"。分析大量照片后，这两位法国专家发现，金字塔内部石块上存在一种特殊标志，这种标志在历史上所起作用就是标示进入金字塔内部。他们坚信，这个发现表明附近存在尚未发掘的密室或房间。

还有其他一些辅助证据表明，金字塔内可能存在密室。巴德特和达曼利用照片分析也看到金字塔内存在隔离空间。他们还确

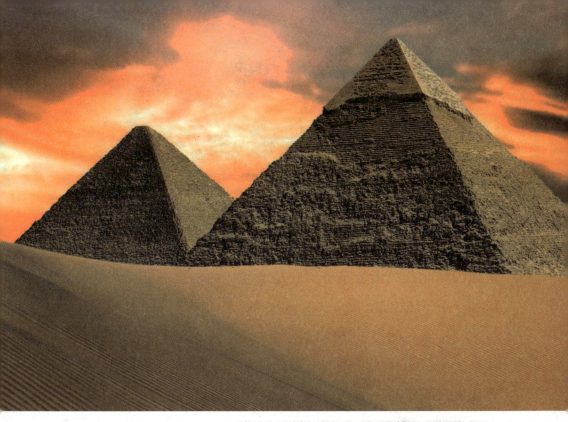

信，大金字塔内尚有一个墓室，与前两个不同，这间墓室从未被发现过。

这个惊人理论一出现，就在学术界引起激烈争议。扎哈·哈瓦斯是埃及首席考古学家。他说，他对法国人的研究一无所知，并且对大金字塔的秘密通道"毫无概念"。但是，为了解开这些谜团，至今人们还没有停止对这些神秘通道的研究。

在线小知识

一种古老的说法认为金字塔内的秘密通道是"星座通道"，因为这些通道的洞口看上去都是指向大犬星座和猎户星座方向的，可能当时建筑的目的就是为了引导法老王的灵魂走上天堂。

金字塔与外星人

古墓里的电视机

在全世界研究金字塔的浪潮中，真是一谜未解，一谜又起。正因为如此，关于金字塔到底是谁建造的，是不是有外星人，也成了一个千古之谜。

一位著名的考古学家威夏劳·勒如博士宣布：他在埃及尼罗河畔一座从未有人发掘的古墓中竟然发现一台完好无损的类似彩色电视机的仪器。

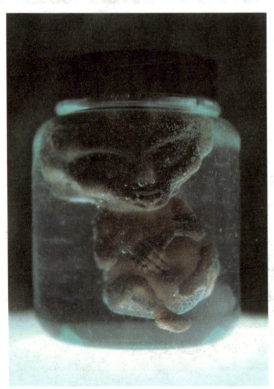

这台仪器与时下流行的彩电有较大区别，它只有一条线路，只能接收一个电视台的节目。它有4个三角形的荧光屏，屏的四周都镀了黄金。它的机件是目前最先进的钛金制造的，质地极为坚固。该机已不能正常工作，虽然经历4200多年，它的太阳能电池作为动力仍能正常操作。

由于古埃及人既没有

制作电视机的材料，也不可能具有高精度的工艺水平，因此，专家们认为它极可能是外星人送来的礼物。

电子工程师里察·纳花了近一个月的时间细致地检查了这台电视机，并查清了它的线路和工作原理。他准备用当前最先进的技术复制出一台同样的彩电来，以试验它是否能接收到另一个星球的电视信号。

金字塔里的外星画像

科学家们还在古埃及3000多年前金字塔的壁画上面，发现一个外星球人的太空模样的画像。这个金字塔的发掘人伊沙杜拉博士指出，太空船的形状犹如一个倒转的碟，这证明了3000多年前外星人已经跟古埃及人有了接触。

金字塔里的电灯

在古埃及的金字塔建筑群中，规模最大的一座是奇阿普斯金字塔，它的内部结构极为复杂和神奇，并饰以雕刻、绘画等艺术品。由于墓室和甬道里十分黑暗，这些精致的艺术作品需要光亮才可能进行雕刻、绘画。

当时如果真的是使用火炬或油灯，就必然留下一些"用火"的痕迹。可是，现代科学家对墓室和甬道里积存了4600多年之久的灰尘进行了全面仔细的科学化验和分析，结果证明没有发现一丝一毫使用过火炬或油灯的痕迹。

由此可见，古埃及艺术家在胡夫金字塔地下墓室和甬道里雕刻、绘制壁画时，根本不是使用火炬或油灯来照明的，而很可能是利用某种特殊的蓄电池或者其他能够发光亮的电气装置。令考古学家和历史学家们惊奇的是：距今4600多年前的古埃及人真的知道现代电灯的秘密吗？会不会是外星人带来的呢？

金字塔里的冰封生物

考古学家保罗·加柏博士在埃及金字塔进行内部设计技术研究时，发现塔内密室中藏有一具冰封的物体，探测仪器显示物体内有心跳频率及血压，相信它已存在5000多年了。科学家们认为，冰封底下是一具仍有生命力的生物。

据在该塔内同时发现的一卷象形文字记载，公元前5000年有一辆被称为"飞天马车"的东西撞向开罗附近，并有一名生还者。卷中称这位生还者为"设计师"，因而考古学家们相信冰封生物就是金字塔的设计和建造者，金字塔是作为通知外太空同类前来救援的标志。

但令人不解的是：那冰封生物如何制造一个如此稳固和不会溶解的冰格，而把自己藏身其中呢？为此，科学家们正在积极设法把该生物唤醒。如果成功，那就能破解外太空文明之谜了。

考古学家通过对胡夫金字塔的研究，发现金字塔的建造者不是外星人，也不是奴隶，而是享有人身自由的农民和技工，大约2万名农民和技工参与建造金字塔。

在线小知识

亚曼拉公主的无穷魔力

厄运的开始

早在3000多年前的埃及，有一位叫亚曼拉的公主去世之后，其遗体按照古埃及习俗被制成了木乃伊，葬在尼罗河旁的一座墓室之中。1890年末，4位英国年轻人来到埃及，当地的走私犯子向他们兜售一具古埃及棺木，棺木中就是这位亚曼拉公主的木乃伊。

4位英国人经过一番商量，决定由其中最有钱的那个人以数千英镑的高价买下这具木乃伊。从此，这位在古埃及历史上默默无闻的公主便给许多人带来了一连串离奇可怕的厄运。

买下木乃伊的那位英国人将棺木带回旅馆。几个小时后，这位买主竟然无缘无故地离开了饭店，走进附近的沙漠，从此消失了踪影，再也没有回来。第二天，他的一位同伴在埃及街头遭到

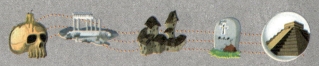

枪击，最后不得不将手臂切除。剩下的两个人也都先后遭到了厄运。其中一人回国后无缘无故地破产；另外一人则生了重病，最后沦落在街头贩卖火柴。

厄运的蔓延

这具神秘的木乃伊后来还是被运回了英国，沿途依旧怪事不断。运到英国本土后，一位钟爱古埃及文化的富商买下了这具木乃伊。不久后，富商有3位家人在一场离奇的车祸中受了重伤，豪宅也惨遭火灾。

在经历这样的变故之后，这位富商只好将这具木乃伊捐给了大英博物馆。

亚曼拉公主的魔力还没进大英博物馆便已经开始出现征兆。在载运木乃伊入馆的过程中，载货卡车失去控制撞伤了一名无辜的路人。然后，两名运货工人将公主的棺木抬入博物馆时，在楼梯间棺木失手掉落，压伤了其中一个工人的脚，而另外一个

工人则在身体完全健康的情况下，两天后无故死亡。

亚曼拉公主的棺木后来被安置在大英博物馆的埃及陈列馆中。在陈列期间，夜间的守卫报告说，常常在她的棺木附近听见敲击声和哭泣声。

更有甚者，连陈列室中的其他古物也常发出怪声。不久之后，一名守卫在执勤时死去，吓得其他守卫打算集体辞职。

因为怪事层出不穷，最后大英博物馆决定将木乃伊放入地下贮藏室。然而一个星期还没过完，决定将木乃伊送入地下室的博物馆主管又无缘无故地送了命。

有一位报社的摄影记者特地深入地下室，为这具木乃伊拍

照，结果却在其中一张照片上洗出了可怕的人脸。第二天，这名摄影记者被发现在自己家中开枪自杀了。

不久以后，大英博物馆将这具木乃伊送给了一位收藏家。这位收藏家当即请了当时欧洲最有名的巫婆拉瓦茨基夫人为这具木乃伊驱邪。繁杂的驱邪仪式后，拉瓦茨基夫人宣布这具木乃伊上有着"大量惊人的邪恶能量"，并且表示要为这具木乃伊驱邪是不可能的事。最后，拉瓦茨基夫人给这位收藏家提出忠告：尽快将它脱手处理掉。

厄运的沉没

当时已经没有任何博物馆愿意接受亚曼拉公主的木乃伊了，然而，一位不信邪的美国考古学家仍然花了一笔可观的费用将她买下，并且打算将她安置在纽约市。

1912年4月，这位亚曼拉公主的新主人亲自护送她，将她运上一艘当时轰动造船界的巨轮。为了慎重起见，他还将她安置在船长室附近，希望她能安安稳稳地抵达纽约。

亚曼拉公主最后上的这艘船就是现在妇孺皆知的"泰坦尼克号"。难道正是这未驱散的邪恶祸及这艘"不沉之船"，葬送1000余条人命？其中的真假，世人一时难下结论。

有人认为这个事件中的受害者多数没有实名，缺乏真实性。而且"亚曼拉公主"不应该叫公主，因为古埃及没有公主这称呼，只有法老和祭祀，史籍上也没有亚曼拉公主的记载。

在线小知识

金字塔的众多谜团

匪夷所思的建筑工程

埃及金字塔散布在尼罗河下游的西岸，大约有80多座。它们是古代埃及法老的陵墓。埃及人叫它"庇里穆斯"，意思是"高"。因为从四面望去，它都是上小下大的等腰三角形，很像中文"金"字，所以，人们就形象地称它为"金字塔"。

第四王朝法老胡夫的陵墓是最大的金字塔。它大约建造于公元前2700多年。其建筑用石如果用载重7吨的卡车来装载，需要97.8万辆，如果把这些卡车连接起来，总长度是6200千米。

哈佛拉金字塔是第二大金字塔，塔旁雄踞着一尊巨大的人面狮身像。据说，公元前2610年，埃及第四王朝的第三位法老哈佛拉，巡视了自己的快要竣工的陵墓，发现采石场还有一块弃置的巨石，于是就命令石匠，按照自己的脸型雕刻了这座石像。

1798年，拿破仑占领埃及时，曾下令用重炮轰击狮身像，结果只轰断了几根胡须。拿破仑曾估算，如果把胡夫、哈佛拉、孟考夫拉三座相邻的金字塔的石块集中，可以砌成一道高3米、厚1米的石墙，能把整个法国全圈围起来。

可是这么多的石块是从哪里采来的呢？据考证，一般石料可能是就近取材。而用于外层的上等白石灰石，则取之于尼罗河东岸的穆卡塔姆采石场。内部墓室的花岗岩，则取之于800多千米外的阿斯旺。采石、运输、下河、上岸，不仅需要大批的运输人

力，还需要一批相当规模的工程师、施工员和管理人员，加上一支有足够的镇压能力的军队。而且他们的吃穿住，又要有一支庞大的服务人员队伍。

据估计，支持这样浩繁的建筑工程需要5000万人口的国力，而一般认为，公元前3000年左右全世界的总人口也不会超过2000万人。

何况，已经发现的金字塔有80座之多，即使像希罗多德在《历史》中所说的，30年完成一座，总计也需2400年，埃及能承受得了这样长久的消耗吗？

巨石的运输之谜

最令人匪夷所思的是运输问题。因为那时的埃及没有马和车，马和车是公元前16世纪，也就是胡夫大金字塔建成后的1000年，才从国外引进的。所以即使有足够的人力，也无法把这2.5吨至160吨的巨石运送到工地。

有人认为是用撬板圆木棍运法。但是这种方法需要消耗大量的木材，而当时埃及的主要树木是棕榈，无论是数量、生长速

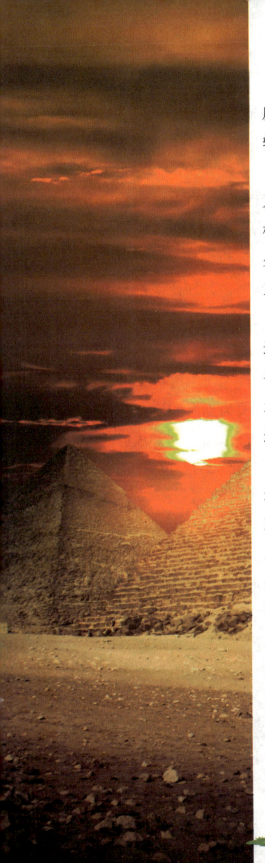

度，还是木质硬度，都远不能满足运输的需要，而进口木材是不可能的。

有人认为是水运法。1980年，埃及吉萨古迹督察长哈瓦斯进行岩心取样，挖到30多米深时，发现了一个至少15米深的岩壁，这可能是埃及第四王朝时开凿的港口。

后来，又发现了连通港口的水道。但是，没有滑轮、绞车等起重设备，把这些巨型石块搬上卸下，而且水面和岩岸至少有15米以上的落差，这比陆地撬运还难。

陆运和水运都不行，难道他们空运不成？法国工业化学家从化学和微观的角度对金字塔进行了研究。他认为，这些石块并不是浑然一体的，而是石灰、岩石、贝壳等物质的黏合物。因为使用的黏合剂有很强的凝固力，所以人们几乎无法分辨出它到底是天然石块，还是人工石块。这似乎可以适当地解决运输困难的问题。

但是这种强劲的黏合剂，不仅在古籍中没有记载，而且，这位化学家

用了现代化的手段，也还没有分析出来。因此，运输问题，依然是一个不解之谜。

神秘的建筑方法

据说金字塔的设计师和建筑师是历史上第一个超越时代的天才伊姆·荷太普。他们在没有水平仪，没有动力设备，没有现代化测量手段的情况下，把一块巨大的凸形岩石平整成为5.29万平方米的塔基，完成了塔基的勘测和施工。这让我们感到非常的惊讶和疑惑。

为了确保金字塔万古长存，设计者不用一根木料、一颗铁钉，因为，木质易腐，铁质易锈，都是坚固的隐患。石块与石块之间没有任何黏接物，然而却拼合得天衣无缝，甚至连最薄最薄的刀片也插不进去。怎样把石块一层层垒上去，更是一个引人猜想的神秘课题。

有人说是运用一种木制船形工具，利用杠杆原理，将巨石逐步举高，一层一层垒砌而成。但是，能吊起几吨、几十吨乃至100多吨的支架、绳索从何而来？

有人说是运用填沙法，沿着塔基填沙，沙随着塔基升高，充当脚手架，塔成之后，清除沙子。埃及金字塔是一个下方上尖的方锥体，高146米，塔基呈正方形，边长230米。如果在它的外围围填沙子，形成一个可以运送石块的斜坡，斜坡的角度为30或25度，如果它们的高度也是146米，那需要多少沙子啊！可是这样多的沙子从哪里来？而且，先填后毁运输量还要增加一倍。

有人说是运用填盐法。方法同上。用后，只需用水将之溶

69

解，无需搬走。但是，这么多的盐比沙子更不易得。何况，一场暴雨，就会溶掉整个盐坡。

有人认为是运用尼罗河泥砖砌成盘旋斜道，逐层止升，其结果与沙坡相近，只是，泥砖比沙子更不容易取得罢了。

塔北距地面13米处有一个入口，塔内有迷宫一般的通道和墓室。墙壁光滑，饰有浮雕。通道有整齐的台阶，脉络一样的向墓室延伸，直至很深很深的地下。墓室另有通气孔通到塔外。据说死者的"灵魂"可以从这些小孔里自由出入。奇怪的是，这两条气孔，一条对准天龙座，一条对准猎户座。这样的墓室已发现三个，而考古学家认为，至少还有4个未被发现。这样精巧的设计和构思，4000年前的古人能完成吗？

最令人感到奇怪的是，考古学家动用现代化的仪器分析了积存4600年之久的灰尘，没有找到蛛丝马迹。那么，他们用什么照明工具进行雕饰浮雕、清扫墓室，或者搬运尸体呢？我们至今尚未找到答案。

神奇的数据巧合

6个数字所显示的精确的等式使考古学家、建筑学家、地理学家、物理学家都谜惑不解。

等式一：金字塔自重×1015=地球的重量

等式二：金字塔塔高×10亿=地球到太阳的距离1.5亿千米

等式三：金字塔塔高平方=塔面三角形面积

等式四：金字塔底周长：塔高=圆围：半径

等式五：金字塔底周长x2=赤道的时分度

等式六：金字塔底周长÷(塔高×2)=圆周率(π=3.14159)

谁能相信，这一系列的数据，仅仅是偶然的巧合？

还有延长在底面中央的纵平分线，就是地球的子午线，这条线正好把地球的大陆和海洋平分成相等的两半；金字塔的塔基正位于地球各大陆引力中心；大金字塔的尺寸与地球北半球的大小，在比例上极其相似。因此有人推断埃及人在4000年前就已经计算出了地球的扁率。

地球两极的轴心位置每天都有变化，但是，经过25827年的周期，它又会回到原来的位置，而金字塔的对角线之和正好是25826.6这个奇怪的数字。4500年前的古人为何能计算得如此准确呢？

万古长存的原因

岁月流逝，唯有金字塔岿然傲立。其中有什么奥秘呢？把一定数量的米、沙、碎石子，分别从上向下慢慢地倾倒，不久就会

形成3个圆锥体，尽管它们质量不同，但形状却异常相似，他们的锥角都是52度。

这种自然形成的角是最稳定的角，人们把它称为"自然塌落现象的极限角和稳定角"。奇怪的是金字塔正好是51度50分9秒，说明它就是按照这种"极限角和稳定角"来建造的。

由于金字塔独特的造型，迫使凌厉的风势不得不沿着塔的斜面或棱角缓缓上升，塔的受风面由下而上，越来越小，在到达塔顶的时候，塔的受风面趋近于零，这种以逸待劳、以柔克刚的独特造型，把风的破坏力化解到最低程度。

磁力线的偏向作用可以使地面建筑甚至高山崩溃，而这座金字塔塔基正好处于磁力线中心，它随着磁力线的运动而运动，随着地球的运动而运动，因此，它所承受的振幅极其微弱，地震，对它的影响也就不大了。52度"角"，方锥体的"形"，与磁力线同步运动的"位"，是金字塔稳定之缘由。

但是，4500年前的古人，怎么知道52度角是稳定角？怎么知道用方锥体来化解沙漠风暴？又怎样知道把庞大的塔基奠定在磁力线中心？这仍然是一个难解之谜。

微波谐振腔体和宇宙波

法国科学家鲍维斯发现，在塔高1/3的地方，垃圾桶内的小猪、小狗之类的尸体，不仅没有腐烂，反而自行脱水，变成了"木乃伊"。他按照金字塔的尺寸比例，做了一个小型金字塔，也同样取得了防腐保鲜的效果。

捷克的无线电技师卡尔·德尔巴尔根据鲍维斯的发现，创制了"金宁塔"刀片锋利器，并在1959年获得了捷克颁发的"专利权"。埃及科学家海利也做了一个实验，他把菜豆籽放进金字塔后，同一般菜豆籽相比，出苗要快4倍，叶绿素也多4倍。

对于这些神奇的现象，有的科学家认为，金字塔的结构是一个较好的微波谐振腔体。微波能量的加热效应可以杀菌，并且使尸体脱水。在这个腔体中，可以充分发挥微波的作用。可是，4000年前的法老，怎么能知道利用微波呢？

有的科学家认为，任何建筑物都可以利用它们的外部形状吸收不同的宇宙波。金字塔内的花岗石具有蓄电池的作用，它吸收各种宇宙波并加以储存；金字塔外的石灰石则可以防止宇宙波的扩散。金字塔内所产生的那种超自然力量的能，正是宇宙波作用的结果。但是，4000年前的法老，怎么能认识宇宙波，并且发现宇宙波与石质的关系呢？这仍然是一个谜。

在线小知识

英国机器人公司表示，埃及胡夫大金字塔心脏的秘门可能于2012年首次打开，有望从此揭开1872年以来一直困扰考古学家的谜团。由于最近埃及局势不稳，机器人勘察被迫停止。

独特的拉丁美洲金字塔

非洲和拉丁美洲的金字塔

据科学家的考察，人类祖先在非洲生活的历史要上溯至200至300万年以前。非洲是地球上最古老的一块大陆，而人类进入拉丁美洲的历史只有2万年时间，然而在最古老的大陆和最年轻的陆地上都矗立着许多雄伟壮丽的金字塔。

非洲金字塔主要集中在埃及尼罗河下游两岸河畔吉萨及其以南的广大地区，被称为世界七大奇观之一。

非洲金字塔以吉萨的3座金字塔最为闻名，其中尤以第四王朝法老胡夫金字塔规模最为壮观，气势最为磅礴。另外两座是哈佛拉金字塔和孟考拉金字塔。

拉丁美洲金字塔则分布在墨西哥和中美洲的危地马拉和洪都拉斯等国，其中以墨西哥的太阳金字塔、月亮金字塔、奇钦·伊察金字塔、乌斯玛尔金字塔、帕伦克金字塔和危地马拉的蒂卡尔金字塔、洪都拉斯的科潘金字塔最为著名。

多年前，巴西一飞行员又在巴西南部丛林中发现了三座金字塔。1979年，美、法两国科学家在考察大西洋海底古建筑群时，竟意外地在西半球百慕大三角海区又发现了一座金字塔。

据科学测定，这座海底金字塔规模比胡夫金字塔还宏伟，边长300米，高200米，塔尖距海面11千米，塔身有两个大洞，海水飞速穿过洞口，在海面上掀起一股汹涌澎湃的狂澜。

美洲金字塔的独特之处

这些星罗棋布在年轻大陆上的金字塔与古老非洲土地上的金字塔之间有何联系呢？它们之间有何不同呢？它们是在什么年代建造的呢？人们对此存有不同的看法。其中一种比较普遍的观点认为，美洲金字塔是当地土著居民在其世代生息的土地上创造的古老文明的杰出象征，它不是外来文化的延伸，更不是外来文化的翻版。

根据科学测定和实地考察，史前拉丁美洲印第安人是在贫瘠的原始土地上开始其劳动创造，进入人类历史社会的。勤劳的印第安人经过长期的劳动实践和社会发展，凭借其双手和聪颖的大

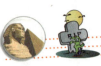

脑创造了灿烂的、独特的拉丁美洲文明，金字塔正是这文明的一个代表。

美洲金字塔是古代印第安人的祭神活动中逐步发展起来的。古代印第安人信奉多种自然神，如太阳神、月亮神、雨神、河神、天神等。他们登上高山之巅进行祭奠活动，以示更靠近神灵，而生活在平原、河谷地带的印第安人则在平地建起土丘，在土丘顶端筑起庙宇，以祭祀用。

随着筑坛祭神活动的盛行和发展，神坛的规模也越来越大，逐渐建成为金字塔形，而且建筑艺术也越来越精巧。

整个金字塔集中反映出不同时代和地区的古印第安人的政治、经济、文化状况，并代表了不同时期印第安文化的特点与风貌，与埃及金字塔无共同之处，同时也反映出金字塔是拉丁美洲古代印第安人社会的神权中心。

　　埃及金字塔是空心的，而拉丁美洲金字塔是实心台基。此外两者外形上也有差异，一个是四棱锥形，塔身仅一面有入口处，直通墓穴，而另一个是四棱台形，塔身份成若干截，正面有台阶。

非洲和拉丁美洲的金字塔的共性

　　但是，被称为"铭记的神庙"的帕伦克金字塔却是一座埋葬帕伦克统治者巴卡尔的墓穴，墓穴结构及其墓葬品反映了美洲金字塔和非洲金字塔的共性。

> 在线小知识
>
> 　　玛雅金字塔和埃及金字塔有所不同，外形上玛雅金字塔是平顶，塔体呈方形，底大顶小，层层叠叠，塔顶的台上还建有庙宇。其功能主要用于举行各种宗教仪式，只有少量玛雅金字塔当作陵墓使用。

墨西哥的死亡金字塔

特奥蒂瓦坎古城

墨西哥"众神之城"里的死亡金字塔：特奥蒂瓦坎古城，是印第安文明的重要遗址，位于墨西哥首都墨西哥城北约40千米处，是1世纪至7世纪建造的圣城，有着"众神之城"的美称。

古城遗址长6.5千米，宽3.25千米，面积21平方千米，估计曾有居民20万，相当于同期欧洲罗马城的规模，是古代西半球乃至全世界最大城市之一。目前除了已经修复的金字塔和神庙外，只能看到街道轮廓线和莽莽灌木丛淹没的无数土墩，依稀可以窥见昔日的繁华都城的盛景。

古城中轴南北干线称"黄泉大道"或"死亡大街"，宽55米，长25千米。全城主要建筑群都布置在大道两旁。

黄泉大道是1325年南进的阿兹特克人起的名字。据说当时大军路经这里，看见大道两旁有连绵不绝的棱锥形高台，疑为坟墓，故称此名。

太阳金字塔与月亮金字塔

在"黄泉大道"东南，屹立着1910年前后修复的太阳金字塔，四方锥体，分5层，逐层斜缩，总高645米。底边各长222米和225米，占地5万平方米，有65个足球场那么大，略小于埃及的胡夫金字塔。其正面有台阶通到塔顶，上面是平台，曾建有金碧辉煌的神庙，内供黄金装饰的太阳神像。

如今塔顶光秃秃一片，因神庙模样难以考证，至今未能复建。其他三面陡峭平滑，难以攀登。

塔身还穿插装饰着用光亮的素色、彩色或浮雕火山岩石铺镶的图案。塔为实心，以沙土允填，外以巨石封裹，与埃及金字塔的空心陵墓有所不同。

月亮神的月亮金字塔规模稍小，距太阳金字塔1000米。塔基长150米，宽120米，占地18万平方米，也比两个足球场大，它高43米，也是5层，建筑艺术比太阳塔更为精巧。两塔之间有可容

约数万人的大广场，由此可见当年祭祀场面之大。根据推测，太阳塔、月亮塔的建造年代为公元1世纪，建筑周期至少50年。

特奥蒂瓦坎古城的消亡

据史料记载，特奥蒂瓦坎古城居民最早出现在公元前800年至450年，该城全盛时期人口多达20万人。

古城逐渐成为宗教、政治、经贸和社会文化的中心。当时的特奥蒂瓦坎城是世界大都市之一。直至8世纪初，这座古城突然被废弃成为废墟，居民也随之消失。

对于特奥蒂瓦坎古城从昌盛走向消亡的原因众说纷纭。一种说法是由于托尔特克人入侵、焚毁所致，居民因此向南迁徙，直至危地马拉的广大地区；另一种说法是因瘟疫流行，居民向北迁移并创造了图拉文化。

最新的研究和发现

由墨西哥国家人类学暨历史研究院的鲁文·卡夫雷拉·卡斯特罗和日本爱知县立大学的杉山三郎率领的考古队，在月亮金字塔挖掘出一批既丰富又可怕的墓葬。

他们挖掘墓道，深入这座43米高的石造建筑，找到了5个墓葬遗址。挖出大部分泥土和残砾之后，每个墓葬遗址都用钢梁加固，以保安全。

可能是双手反绑的战俘或奴隶遭到活埋，他的周围绕着代表神力和武力的动物，有几只美洲狮、一只狼、几只老鹰、一只隼、一只猫头鹰和几条响尾蛇，有些动物是关在笼子里活埋的。

随后的每座墓葬虽然各不相同，但是目的都是相同的，就如杉山说的，"为了控制人民，让他们乖乖听统治者的话，人祭非常重要。"

在线小知识

在建筑学上，金字塔指角锥体建筑物。著名的有埃及金字塔，还有玛雅金字塔、太阳金字塔、月亮金字塔等。相关古文明的先民们把金字塔视为重要的纪念性建筑，如陵墓、祭祀地，甚至是寺庙。

中国古墓释疑

随着时间的流逝，古墓的谜团不断被破解，笼罩在古墓上的各种神秘面纱也不断被揭开。相信假以时日，古墓的谜团终将会大白于天下。

刘备墓的神秘面纱

认为刘备葬于成都武侯祠

公元222年，刘备在吴蜀彝陵之战大败，退回白帝城后一命归天。刘备死后葬身何处？到现在是一个未解之谜。

史书记载刘备攻打吴国失败后，退到了白帝城。于223年农历4月病逝。五月，诸葛亮扶灵柩回成都。八月下葬。人们根据史料的记载，认为刘备的墓葬就在成都武侯祠。因为上述的史料来源于陈寿的《三国志》。陈寿是蜀汉的观阁令史，在蜀汉生活了30多年，他必定知道刘备的葬处。

刘备死后，尸体由奉节运回成都，后与吴夫人合葬于惠陵，今武侯祠内。在今天的武侯祠内确实还有刘备墓的建筑。过去杂草丛生的墓地被泥土夯筑得更高了，墓上种满了小小的翠柏，墓地周围也被青石条围护了一米多高，显得尊贵，有皇家气派。

武侯祠博物馆的人在一次植树时，意外地在刘备墓的封土边缘挖掘的树坑中发现了许多蜀汉时期的砖。这些砖位于刘备墓的

土封土边缘约3米的深处。砖的颜色与泥土近似，但质地很坚硬，砖的一侧长边上镂刻着花纹，与成都平原常见的东汉砖非常近似，是当时专为修建墓室烧制的。这些也都从侧面证明了《三国志》等历史文献中关于惠陵与刘备墓在成都的记载的可靠性。

认为刘备墓在四川彭山莲花坝

持这种观点的人首先驳斥了《三国志》等历史文献关于刘备尸体运回成都的记载。刘备死于农历的四月，对于四川来说，这是烈日炎炎、气温极高的夏天。当时的交通很不方便，从白帝城、奉节到成都全是逆行而上的水路和崎岖的山路，仅单行也得需要30多天时间。

如果花这么长的时间把刘备的尸体运到成都，按当时的尸体保护技术，要使尸体不会腐烂是完全不可能的。

因此专家们一致认为，死在夏天的刘备，他的尸体最多也不能30天不腐烂，也就是说诸葛亮根本不可能拉着臭气熏天的刘备尸体，经过长达3个多月的跋涉，把刘备安葬在成都。

基于上述分析，有的专家认为地处彭山脚下的莲花村才是刘备的葬身之地，而成都的武侯祠只是刘备的"衣冠冢"。

牧马山、彭山依山傍水，是蜀人墓葬的最佳选择之地，这里

有5000多座汉代崖墓。

尽管如此，这些墓葬的地理位置也不能与莲花村的皇坟相比。牧马乡的莲花村自古就有皇坟的传说，这里的皇坟有100多亩。附近的农民说，他们村里有80%的人家都姓刘，并且一代传一代，都说皇坟里躺着的是刘备。

认为刘备墓在四川奉节

因为没有很好的尸体保护技术，刘备的尸体不能运到成都安葬，而彭山莲花村离成都骑马也就半天的时间，难道刘备的尸体运到莲花村就不会腐烂吗？

这个无法解答的疑问又使人们想到了传说中刘备埋葬四川省奉节县的说法。刘备是一个乱世之君。为了防止盗墓，刘备出殡时是四路同时进行的，目的是迷惑那些企图盗墓的人。

郭沫若1961年在奉节考察时认为：刘备死在气温极高的夏

天，当时交通很不方便，从奉节到成都逆水而上至少也要30多天时间，以当时的技术条件，尸体肯定会腐坏。因此他认为，刘备墓在奉节的可能性比较大。

1982年，安徽物理探测所发现夔州宾馆地下有18米的空洞，并有金属反应，推测是金属随葬品。南宋学士任渊所作《重修先主庙记》中也说，成都惠陵只是弓箭墓，不是真墓。

刘备到底身葬何处？只有通过考古发掘才能证实。所以，这个问题还是一个没有答案的谜。

刘备和甘夫人感情甚笃，他极有可能留下和甘夫人合葬的遗诏。但这只是猜测而已，要使这个学术界和旅游界争论多年的悬念云开雾散，唯一的办法就是发掘刘备墓，揭开这个千古之谜。

万年古墓的六大悬念

挖掘"东胡林人"遗址

2003年10月19日，经国家文物局批准，由北京大学考古文博学院和北京市文物研究所组成的由考古、环境、地质及科技考古等多学科人员参加的考古队在多次调查的基础上，对"东胡林人"遗址进行了4次正式发掘。

突然，一位考古队员大叫一声："有情况，有一根米黄色的棒状物体。"在现场的考古学教授马上意识到有重大发现。他

激动地告诉说："其实最先露出来的，是一根米黄色的棒状物体。然后大家才发现一根小腿骨。随后，另一根人的小腿骨也显露出来。当时我们在场的所有人都乐坏了，一个月以来的紧张工作终于有了盼头。因为这时大家都意识到有重大发现。"

在挖掘现场的东胡林人墓葬内躺着一具尸骨，骨架形态安然，头骨微向右侧偏斜。经过初步鉴定，该骨架

长约1.65米，整体宽度不到0.5米。教授说："目前已经找到这具人体骨架上的100多块骨头，如此完整的早期新石器时代人体骨架是很少见的。"

在场的中国科学院古脊椎动物与古人类研究所研究员指出，在尸骨的鼻骨与嘴唇之间放有一块玉石，教授说："初步鉴定为方解石或冰川石。"对这块神秘玉石因何放在这个部位的解释还有待研究。

教授说："目前中国发现的古人类骨架并不多，完整的骨架也很罕见。东胡林人生活在由旧石器时代向新石器时代过渡的时期，这具完整的人骨架能为华北地区的人类谱系提供更多的资料依据。"

这次考古出土除了一具完整的尸骨外，还包括石器、陶器、

残存人骨、动物骨骼等在内的一批重要遗物，又发现了多处人类烧火的遗迹。

从多种迹象分析来看，这些烧火的遗迹应该是当时人类所使用的火塘，这表明新石器时代的北京人已开始使用火塘。

迄今为止，在华北地区发现的距今1万年前后的遗址已有几处，但是其中既发现有烧火灶址，又见石器、陶器及墓葬的仅东胡林一处。

根据专家推测，东胡林人活动区域的植被类型主要是针阔混交林，东胡林人的经济活动主要以采集、狩猎为主，狩猎对象主要为鹿类动物。东胡林人生活的时期，北京地区的年平均气温可能比现在略偏高。

在这次考古中发现的一些紫游螺，不仅表明东胡林人具有较好的审美意识，也表明东胡林人进行贸易交换活动的范围可能已经到达渤海湾地区。

在发掘现场，周教授手拿竹签在尸骨的周围勾画出墓葬的基本形状，同时指示出墓葬的开口处位于紫色土层内，该土层正是东胡林人生活时期的地质层段。

这是一座保存完好的新石器时代的早期墓葬，是有东胡林人遗址研究以来第一次通过科学发掘手段获得的有明确地层关系的墓葬。

东胡林人的六大悬念

悬念一：这个东胡林人是怎样死去的？是自然死亡还是死于非命，这给世人留下了想象的空间。

悬念二：这具尸骨的性别是什么？北京大学考古系郝守刚教授说："要对尸骨的头骨、骨盆和牙齿作科学鉴定之后才能定论。"

悬念三：尸骨的头部朝向说明什么？这次出土的尸骨头部朝东南方，教授说："可能与部落氏族的信仰有关，另外太阳东升西落也是尸骨朝向的因素之一。"

悬念四：该地的东胡林人究竟住在哪儿？到底他们是住在山洞里还是石屋或其他地方仍然是个谜。

悬念五：该东胡林人从哪儿来？他们究竟是从南部部落迁移而来，还是北方部落的成员，到目前还不得而知。

悬念六：东胡林人是怎样适应当时的地质环境的？根据地质学的鉴定，东胡林人所处的时代正是旧石器时代向新石器时代过渡时期。此次发掘说明在历史上的冰川运动时期，北京地区曾经

有人类活动。

东胡林人的考古价值

中国科学院黄土与第四纪地质国家重点实验室认为："东胡林人可以说是北京地区新石器时代古人类的鼻祖。这次发掘成功就在于第一次发掘到了该时代保存完整的尸骨，同时发掘出东胡林人的工艺品、饰物、石器以及东胡林人用来烧煮食物的火塘，这在中国考古的历史上尚属首次。"

中国科学院古脊椎动物与古人类研究所教授认为："这次东胡林人遗址的发现，无论在国外还是在中国都很少，在华北地区更是第一例。东胡林人的发现实际上解决了考古学的一个疑问，就是在1.8万年前的山顶洞人之后，北京地区在1万年前还是有古人类生活的。"

北京大学古生物学与地层学教授郝守刚认为："世界范围内对于人类在1.3万年前至8000年前的活动状况的研究一直缺少好

的标本，也是世界考古的一道难题。对此具东胡林人尸骨的考古鉴定，将为我们中国考古研究提供重要的资料。"

保存完好的东胡林人遗骸的发现和研究，不仅能为了解"北京人"——山顶洞人——现代人的演化进程及其谱系提供科学依据，而且对于认识新石器时代早期人类的经济方式、食物结构及环境变化对人类自身发展演化产生的影响也有重要的科学价值。

何谓东胡林人

东胡林人遗址位于北京市门头沟区斋堂镇东胡林村西，永定河支流清水河北岸的二级阶地的马兰黄土上，高出河床29米。这处遗址是1966年北京大学地质地理系同学在门头沟区实习期间发现的。由中国科学院古脊椎动物与古人类所进行了清理，初步认为是一座新石器时代的墓葬。

墓内人骨有轻微石化，属于3个个体，一个为16岁左右的少女，另两个为成年男性个体。因发现于东胡林村，被命名为"东胡林人"。因墓葬位于全新世黄土底部、马兰黄土顶部，故研究者将其定为新石器时代早期。1985年东胡林人遗址被公布为门头沟区重点文物保护单位。

上海崧泽古遗址位于青浦县城向东5000米处的崧泽村，相传是晋朝将军袁崧的墓地。进行了几次发掘，出土石器、玉器、骨器和陶器等珍贵文物621件，距今约4900年至5800年。

最大古墓秦始皇陵

"千古一帝" 秦始皇

自公元前230年至前221年，秦国先后灭韩、赵、魏、楚、燕、齐6国，39岁的秦始皇完成了统一中国大业，建立起一个以汉族为主体统一的中央集权的强大国家——秦朝。

秦始皇认为自己的功劳胜过之前的三皇五帝，与大臣议定的尊号改为"皇帝"。秦始皇是中国历史上第一个使用"皇帝"称号的君主，自称"始皇帝"。

秦始皇对中国和世界的历史均产生了深远而重大的影响，被明代思想家李贽誉为"千古一帝"。秦始皇并不是像司马迁所写的《史记》记载的是个暴君，可以说秦始皇是我国历史上一位叱咤风云富有传奇色彩的划时代人物，也是我国历史上第一个多民族中央集权制帝国的创立者。

开国几年后，秦始皇开始巡行天下，制定了前所未有的中央集权制度，更加提高了帝王绝对的地位。此时，他开始积极追求永生。前210年，秦始皇东巡途中驾崩于沙丘。

发现秦始皇陵和兵马俑

秦始皇陵位于陕西省西安市临潼县城以东约5000米的骊山北麓。2000多年风雨剥蚀使这座陵墓失去棱角，分明的线条显得较为和缓，但庞然卧踞的偌大规模和俯瞰平川的恢宏气势依然令人感受到"千古一帝"的威严。这是中国历史上第一座皇帝的陵墓，也是人类历史上规模最大的帝王陵墓；陵墓中埋藏的珍宝价值更无疑是世界考古史上最大的未知数。

秦始皇的遗体则安置于铜棺中，棺上有木头的部分都涂上了漆，以防止尸体腐化。

以上所叙都明白记录于文献上，只是当时是否有官员殉葬，还是一个谜。

《史记》记载二世皇帝胡亥下令"先帝后宫，非有子者，出焉不宜，皆令从死。"以秦始皇有生子女的后妃不过10多人的情况来看，殉葬的妃嫔大概在200名左右。二世皇帝的残暴，较之秦始皇，真是有过之而无不及。

秦始皇的地下陵墓，真如一个缩小的天地，里面有宇宙和大地山河，配置得惟妙惟肖。《史记》上记载：以水银为百川江河大海。机相灌输，上具天文，下具地理，以人鱼膏为烛，度不来者久之。

当时使用了数千吨水银，于地下陵墓中做出百川江河大海，并以机械使水银循环流动，天花板上并用宝石拼出天体图，至于人鱼膏可能是用鲸鱼的脂肪加工制成的，能够燃烧很久。

秦二世怕有盗墓者侵入，命令工匠做了很多机关，只要有盗

墓者闯入，马上发射如大雨般的箭矢。为了怕机关的秘密泄露出去，阴狠的二世皇帝还把设计机关者和施工者尽数关在陵墓里头，没有一个人活着出来。虽然《水经注》上记载了秦始皇陵墓被项羽率兵攻入，并掠夺了其中的金银珠宝之事，但一直没有得到证实。

到了1985年，中国传出发现秦始皇陵的大消息之后，人们才知过去的传说都不是真实的，因陵墓中一切完好如初。不过，考古学家也发现了盗墓者挖掘到一半的通道，令人捏了一把冷汗。

1974年4月3日，住在陕西省临潼县安寨乡的农民杨志发，为了引水到田里灌溉，挖了一口深井，竟然挖到一个大洞穴，里面是前所未见的兵马俑。

杨志发所挖掘的地方，距秦始皇陵墓1.2万米。附近早已发现过古墓和陪葬墓，陕西的考古学家本以为那一带已经作过十分详尽的调查了，料想不到还有一个兵马俑坑的存在。此墓在任何历史文献上都没有记载，但事实就是事实。

这个发现，在世界上造成很大的轰动。经过数年来的调查，已经证实是始皇陵的附属设施。兵马俑坑位于地下5米处，里头有以秦始皇亲卫队为模特儿塑成的陶俑。共有3个坑，1号坑主要是配置战车的步兵团，2号坑是步兵、战车和骑兵组成的混合部队，3号坑只有一辆战车和64名士兵，是统帅营的仪仗或护卫部队。

秦始皇陵的四大谜团

据《史记》记载，公元前212年，"立石东海上朐界，以为秦东门。"在今江苏省连云港市西南的朐县海上竖立起了帝国的东大门。

2000多年来，从来没有人把它与建造秦始皇陵这两项同时进行的工程联系起来作过思索。直至秦始皇陵兵马俑发现之后，有心人才猛然发现，那座"秦东门"的位置，恰好正东对准秦都咸阳与秦始皇陵东门大道。咸阳——秦始皇陵——秦东门恰好位于同一纬度！

怎么看待这一令人震惊的事实呢？也许是极偶然的巧合。但更有可能是精心设计的安排。联系到一律面向东方肃立的兵马俑和整座陵园坐西朝东的总体设计，联系到秦始皇好大喜功的性格和终其一生对东方蓬莱仙境的极度向往，把远在1000千米外海滨的"秦东门"视为秦始皇陵的组成部分应当是有道理的。

远在2000多年前，在现代测量仪器远未发明的技术条件下，人们是怎么测出这条纬度的呢？人们是怎么掌握地球表面高精度测量与计算技术的呢？这是秦始皇陵留给我们的不解之谜！

面对秦始皇陵下一片空旷的原野，秦始皇建陵耗用的人力物力财力远远超过古埃及金字塔，不禁要问：为什么这里竟然没有留下一块古代石刻？秦始皇建造陵墓的目的本来就不是供后人瞻仰怀念的。他虽有超越一切的无限权力，却不能超越传统文化观念。他同样深信存在"罔象"，这是无法逾越的障碍。如果造一座巨石陵墓，陵上怎能栽植松柏？怎能防止"罔象"危及灵魂安全？

秦始皇陵前没有留下任何石刻，并非技术能力所致。我国古代的石刻至少在殷商时期，即公元前16世纪已经出现。秦代早期遗留的石鼓文至今仍陈列在北京的故宫博物院。秦始皇出巡时也曾多次刻石铭功。

修建秦始皇陵时更是大规模开采石料，单是秦始皇陵西北不远的今郑庄、砖房村一带，就有一座占地达75万平方米的石材加工场，直至20世纪40年代末，那里仍遗留遍地巨石。但建陵使用的石材统统都被埋入了地下。

为什么连块墓碑也不留呢？人类社会的许多事物都是在漫长的历史过程中逐渐出现的。墓碑也是如此。我国远古时的"碑"只是竖立在宗庙门前的木柱。秦代还没有在墓前放置墓碑石刻的墓葬风俗。我们知道，在秦始皇之前的战国时期，各国都没有这类制度和风俗。

如果秦始皇开创这种制度，历史必定会有所记载，而且一般也会被西汉王朝继承。基本上全盘承袭秦代墓葬制度的西汉王朝所有皇帝陵墓都没有墓碑石刻。由此可以断定，秦始皇陵当年也没有墓碑石刻。

也有人对秦始皇陵没有皇后陵感到奇怪。这一点，倒是与这位信奉极权主义的皇帝的性格及思想逻辑一致的。虽然有"后宫列女万余人"，她们也为他生了20多个儿子，10来个女儿，但秦始皇没有册封过皇后。他似乎对她们持"一碗水端平"的态度，自然也用不着为皇后建造陵墓了。

据载，秦二世胡亥在公元前207年自杀，以庶人仪葬于周杜国属地，即秦时的州地，在今陕西省西安市雁塔区曲江乡曲江池村南缘台地上。秦二世胡亥墓坐落在原坡地带，环境分外幽静。

汉墓女尸为何不朽

出土"巨人观"女尸

马王堆汉墓位于湖南省长沙市区东郊4000米处的浏阳河旁的马王堆乡。1972年，马王堆1号汉墓出土了一具女尸，是一具非常罕见独特的尸体。虽然历经2000多年，但是她的外形依然完整，全身润泽，部分关节可以活动，软结缔组织尚有弹性，几乎与新鲜尸体相似。这一考古新发现曾经轰动了世界。

其实古尸并不是没有腐败，而是腐败到一定程度就被中断而保存了下来。展现在观众眼前的是一具"巨人观"的女尸，这是墓主人死后早期腐败的现象。

人死之后，由于缺氧气，细胞发生自身溶解并导致组织自溶，尸体内的细菌与外来的细菌在尸体内急剧繁殖，并分泌大量的分解有机物的酶，而引起尸体腐败。腐败过程中产生大量的气体，挤压全身的组织内脏器官，使全身肿胀、张口、伸舌、眼球突出、肛门脱出等现象。法医学称这些早期腐败的现象为"巨人观"。如果死者是孕妇发生了"巨人观"，气体压力可能将胎儿挤出阴道，叫内分娩。当然这具50多岁的软侯夫人不存在这个问题。

经过对女尸的病理解剖检查，发现死者生前患有冠心病、多发性胆石症、全身性动脉粥样硬化症，右上肺有结核病灶，右前臂曾经骨折，在直肠和肝脏内有鞭虫卵、蛲虫卵和血吸虫卵，一只胆囊先天畸形。女尸的多种病变为研究古病理学、古代疾病史

和我国医学发展史，提供了宝贵的科学资料。

那么，她是怎样亡故的呢？经分析，该女尸皮下脂肪丰满，皮肤没有褥疮，无高度衰老迹象，故应为突发急病而死。从病症推断与解剖发现，她的食道、胃及肠内有甜瓜子130多粒，死亡时间应在夏天，可能是吃了生冷甜瓜后引发胆绞痛，由此诱发冠状动脉痉挛，导致严重心律失常而猝然死亡。

女尸不朽的原因

尸体的防腐处理好。经化学鉴定它的棺液沉淀物中含有大量的硫化汞、乙醇和乙酸等物。证明女尸是经过了汞处理和浸泡处理的，其中硫化汞在尸体防腐固定上的作用是很明显的。

墓室深。整个墓室建筑在地下16米以下的地方。上面还有底径50米至60米、高20多米的大封土堆。既不透水也不透气，更不透光。这就基本隔绝了地表的物理的和化学的影响。

封闭严。墓室的周壁均用黏性强，可塑性大，密封性好的白

膏泥筑成。泥层厚约一米左右。在白膏泥的内面还衬有厚为半米的木炭层，共约5000多千克。墓室筑成后，墓坑再用五花土夯实。这样，整个墓室就与地面的大气完全隔绝了，并能保持相对恒温，不但隔断光的照射，还防止地下水流入墓室。

隔绝了空气。由于密封好，墓室中已接近了真空，具备了缺氧的条件，厌氧菌开始繁殖。在室中存放的丝麻织物、漆器、木俑、乐器、竹简等有机物，特别是陪葬的大量的食物、植物种子、中草药材等，产生了可燃的沼气，从而加大了墓室内的压强。沼气能杀菌，高压也能使细菌无法生存。

棺椁中存有神奇的棺液，起到了防腐和保存尸体的作用。据查，椁内的液体约深0.4米，棺内的液体约深20多米。但，它们都不是人造的防腐液。那么，这些棺液是哪里来的呢？经科学分析研究，椁内的液体是由白膏泥木炭、木料中的少量水分，水

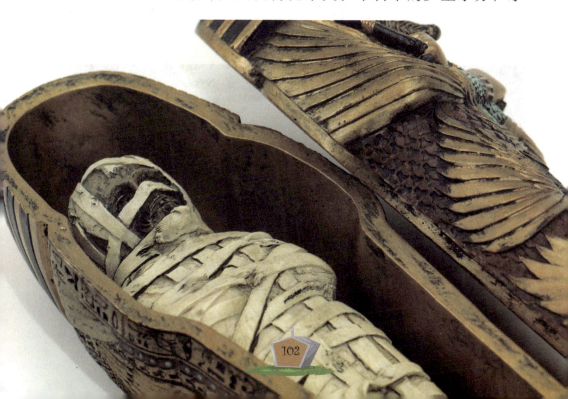

蒸气凝聚而成的。而内棺中的液体则由女尸身体内的液体化成的"尸解水"等形成的。正因为有这种自然形成的棺液才防止了尸体腐败，并使得尸体的软组织保持了弹性，肤色如初，栩栩如生。千年的亡魂，在重见光日之时，随同所有出土的文物，散发着迷人的光芒，让人流连于不解的迷宫长廊之中。

墓主人身份之谜

在男尊女卑的封建社会里，一个妇道人家亡故后为何获得如此隆重的厚葬？据《史记》载：公元前202年，刘邦建立西汉，其疆域辽阔，为稳固天下分封了7个异姓王。后来这些诸侯随着势力的发展严重危及了中央集权统治，于是刘邦以种种借口除掉这些异姓王，以自己的亲戚代之。

然而，刘邦对长沙国的异姓王吴芮却未下手，原因是长沙国南边有一个军事实力较强的南越国。为保住这个战略要地，刘邦便施谋略派利苍到长沙国监督吴芮，利苍被封相且封侯。利苍死后他的儿子利豨继任爵位。

据此推断，轪侯夫人之所以能得到厚葬，是他的儿子利豨为了尽孝道。史料还记载了利豨是最后一代轪侯，因其触犯汉朝法律，被剥夺了世袭的爵位，轪侯便从此在历史上消失了。

在线小知识

江苏省泰州发现一个明代古墓，女主人五官分明，眉毛清晰可见。其尸体处在一个密封的空间里，隔绝了空气，微生物相对较少，为尸体保存提供了良好的环境。

隐藏在古尸里的秘密

湖北凤凰山西汉男尸

凤凰山位于湖北省荆州市城北约5000米处。公元前278年，这里沦为废墟并成为秦汉时期的一处贵族墓地。经过考古钻探，已发现秦和西汉时期的古墓180多座，168号西汉墓就是其中的一座。

1975年，湖北省博物馆、荆州市博物馆等单位对其进行了科学发掘。墓内出土了一具保存完好的古尸，古尸名为"遂"，江陵西乡市阳里人，生前爵位为五大夫，死亡年龄约60岁，下葬时间为公元前167年，距出土时已有2142年。

出土时古尸外形基本完整，身高1.66米。皮肤、肌肉等软组织均有弹性，四肢大小关节也可活动，32颗牙齿齐全并且牢固，鼻道畅通，左耳鼓膜犹存，脑壳完整，脑膜血管清晰，内脏器官齐全，骨骼正常，皮下胶原纤维保存良好，与新鲜组织非常接近，体内的蛋白质、脂肪、糖类等也有不同程度的保存。

凤凰山西汉男尸与长沙马王堆西汉女尸属同一类型。两具古尸相比，男尸的下葬年代早，保存情况也好一些。这一重大考古发现，对研究我国古代尤其是西汉时期的科学、经济、历史、文化的发展都具有重要的意义。

新疆哈密古尸

1978年9月，新疆维吾尔自治区哈密县五堡绿洲西北1000多米的一片古代墓葬区的M24号中，发现了一具女尸。该女尸肌体丰满，特别完整，这就是著名的"哈密古尸"。古尸后来从新疆运往上海，由上海自然博物馆、上海医科大学以及有关科研单位、高等院校组成专题研究组，进行了多学科的综合研究。

哈密古尸发掘时，在这座墓里共有两具尸体，除了这具女尸外，还有一个男的，可惜只剩下了一副骨架，未能保存下来。男骨置于墓室的西北角，头骨及两腿下肢均已离位，头骨置于股骨旁侧，上身侧向墓室西壁。

女尸更奇怪，两下肢遭暴力扭断，肌肉撕裂。古尸身穿红色彩条毛布袍，外披羊皮大衣，衣服血污斑斑，粘附在身上。推测是死于寒冬时节。

专家在对这具哈密古尸研究时发现，她扎着两条长长的大辫子，头发金黄色，梳成从中间向两边分开的发型，两边又各梳成3股小辫子，然后再把3股小辫子编成一股大辫子——看来新疆姑娘自古便很爱美，喜欢小辫子的传统太悠久了。

死于难产的新疆女尸

令人难忘的是新疆维吾尔自治区鄯善县出土的一具女尸。1991年4月，新疆维吾尔自治区考古人员对新疆鄯善县火焰山中的苏贝希山村，距今2450前的古代墓地进行了考古发掘，先后发现了27具古尸，其中，保存特别完好的古尸有4具。

专家在对其中一具女干尸研究时，在她的胸腹部位，发现了一个初生的婴儿。

推测，这具女尸可能是一位在难产中死去的年轻母亲，一道死去的还有她的刚出生的孩子。埋葬时家人把婴孩放到她的胸前，母子永相伴。这具女尸给出的信息，一方面是人性的伟大，另一方面则是古代女人生产的危险。古代好多女人在盛年时死掉，很多都与生产有关。

做过外科手术的男尸

在一具新疆汉代男尸身上，专家竟然找到我国最早的古代外科手术处理实例：在男尸的胸腹部有一道鲜明的刀口——他极可能是一位在战争中受了重伤的战士。

受伤时他还活着，并曾被全力抢救过，刀口上还留着原始的手术"缝合线"——粗粗的毛发。古代缝合伤口，用的竟是毛发。我国古人真的有智慧。可是，未等伤口愈合，这位勇敢的战士便离开了人间。也许是流血过多，也许是伤口感染……

战国古尸惨遭毒手

1994年5月，湖北省荆门市发现一具战国女尸。它是目前我国乃至世界上所发现的第一具外形、骨骼保存基本完整的战国女尸。它距今已有2300多年，比长沙马王堆出土的西汉女尸和江陵凤凰山出土的西汉男尸至少要早100多年，对考古、医学等诸多学科具有极其重要的研究价值，堪称"稀世国宝"。

然而，这具古尸却被盗墓贼挖出后，扔进了另一个墓坑内，敞开暴露长达48天之久，致使千年古尸面目全非。

疯狂盗掘古墓的农民索祖才伙同他人窜到国家保护单位纪山楚墓群郭家岗1号墓盗掘表层铜鼎、木枕等文物30余件，分得赃款3000元。不久，其他犯罪分子发现1号墓被挖后，遂于深夜再次深掘，挖出了稀世国宝——一具战国中期贵族夫人古尸，从而引发了震惊中外的"中国第一古尸案"。

案发后，索隐姓埋名，改头换面，流窜在荆沙一带以做泥瓦工为生。1995年3月22日潜回家探听情况时，被公安干警抓获。挖掘古尸的主犯均已被处决。

怀孕古尸产活婴

一个600多年前被积雪掩埋的孕妇产活婴，婴儿活了72小时，这个婴儿被命名为"特灵娜"。怀孕古尸产活婴创造了医学史上的奇迹。

在对怀孕古尸产活婴进行研究之后，科学家认为母体是在死亡后立即被雪封起来的体内胎儿生机没有被破坏。由于怀孕古尸

母体感染了一种不知名的病毒致死，婴儿活了72小时，也因受同一病毒感染而夭折。怀孕古尸产活婴这一生命奇迹引起了各国科学家浓厚的兴趣。

怀孕古尸被埋在苏联最寒冷的华耶西伯尔岛上的一堵雪墙里，这里温度低至-70度以下，死者年龄有20多岁，胎儿已超7个月。

科学家们将怀孕古尸浸在充满氧溶液的金属箱内缓解，在怀孕古尸软化后，经X光透视，发现有胎儿在母体内。经剖腹手术后，医生取出仍在冰冻状态的胎儿，重7千克。她在一只特别的器皿内存放不久，器官开始运转，心脏开始跳动，活了起来。

虽然特灵娜婴孩已经夭折了，但是他的存在本身就是个奇迹，至于为什么古尸可以产下婴儿就有待探究了。

研究古尸并不是为了猎奇，每一具古尸的身上都藏有很多秘密和鲜活的故事。

在线小知识

最古老的虱子是从新疆楼兰女尸的头发处找到的，她每根头发的发根处，都有成串的虱卵胶粘着。眼睫毛上也有成串的虱卵。这些虱子，比现代虱子小，可能是虱子太多了，也影响其生长。

曹雪芹墓石的真伪

发现曹雪芹墓

1968年冬，在北京通县张家湾村，人们正在进行平整土地的大会战，该村青年李景柱在无主墓地的地下1米处发现一块长1米，宽0.4米，厚0.15米的青色基石。

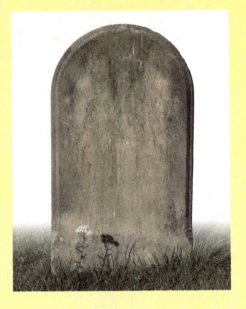

李景柱算是当地的"土秀才"。他见石上刻的文字，便想这可能是《红楼梦》作者曹雪芹的墓志铭。村民还在近处挖出一具男性残骸，以为大文学家的嘴里含有宝物，便将尸骨全身分离，随意抛散。

这天晚上，李景柱找人帮忙，把墓碑运至家中，再用铅笔、窗纸拓好精心保存。1991年，张家湾镇政府拟建公园，立碑林，李景柱将墓碑无偿献出。

曹雪芹墓石的真伪之辩

1992年7月，新闻报道了这一消息后，"一石激起千重浪"，引起了红学界巨大的轰动，也引起了海内外学术界的极大关注。因为如果这墓志铭确是曹雪芹的，将有助于人们了解曹雪

芹的身世。围绕着墓碑的真伪，展开了一场沸沸扬扬的大争论。

文物鉴定家秦公认为，这石碑可能是伪造的。他的理由是：石碑的用石不合理，没有一个平面，说明原来不是用来做石碑的；字在碑石上的位置不妥当，墓志的最后一笔十分接近下缘；刻工很粗糙，刀法乱，有的笔画还直接借用石料上原有的斧凿痕迹；文法不合理，碑上不应称"公"，而应称"君"或"先生"。另外，落款也不合理，应有立碑人等。

红学家杜景华则断定：石碑不是伪造的。他说："有人疑心石碑是伪造的，但石碑出土于'文革'时期，那时是没有人也没有必要去伪造一块曹雪芹的墓碑。"他还认为，曹雪芹死于壬午，是胡适和俞平伯的说法。但大多数红学家持"癸未"说。如果石碑是伪造的，那碑上为什么不落款"癸未"，以迎合大多数人的观点呢？

他还推测，曹雪芹死前，家境非常艰难，过着"举家食粥酒常赊"的日子。被债主们逼得没办法，曹雪芹躲到张家湾昔日曹府的一个仆人家，可没想到，曹雪芹竟死在仆人家。仆人草草将他埋掉，并草草为他刻了这么个墓碑。

  红学家冯其庸也对墓碑持肯定态度。他还引证说，曹雪芹的好友敦诚《寄大兄》文中说："孤坐一室，易生感怀，每思及故人，如立翁、复斋、雪芹、寅圃、贻谋不数年间，皆荡为寒烟冷雾。"

  敦诚的《哭复斋文》中说："未知先生与寅圃、雪芹诸子相逢于地下做如何言笑，可话及仆辈念悼亡友情否？"

  曹雪芹的故友寅圃、贻谋的墓都在通县潞河边上，为什么敦诚说"与寅圃、雪芹诸子相逢于地下"呢？很可能他们同葬于潞河畔张家湾。

  原北京市通州区文物管理所所长周良认为，曹雪芹一生穷困潦倒，墓葬的潦草符合其生前"举家食粥酒常赊"的处境。他认

为历史上关于曹雪芹的逝世年代、地点没有明确的记载，这通石碑的出土起到了一个重要的"补史"作用。红学界如果只是以简单的书写格式标准去衡量这个问题，就会有失偏颇。

除以上观点以外，还有许多红学家也提出自己的看法。但是究竟这墓石是不是为曹雪芹立的，目前学术界还在争议中。

北京公主坟里的公主

公主坟里的公主

在北京的复兴门外，复兴路和西三环路交界处的街心花园，有个著名的公主坟。

自从电视连续剧《还珠格格》映播后，人们对京西公主坟内埋葬的公主是谁，引起了广泛的关注，众说纷纭。有的说是乾隆义女，有的说是金泰之妻，有的说是奇女孔四贞……不一而足。

至于传说最多的是，降清明将孔有德之女孔四贞就埋葬于公

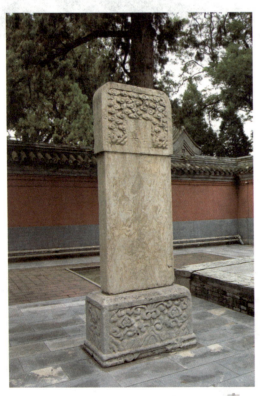

主坟。因为明将孔有德降清后屡次立战功，如取南京、攻江阴、征贵州、战广西等，顺治六年被封为"定南王"。在顺治九年，孔有德在桂林被明将李定国围困，受伤后自杀身亡。

顺治母亲孝庄皇后收养其女孔四贞为义女，并封为和硕公主，成为清朝唯一的汉族公主。她武艺高强，经历富有传奇色彩。因此就以讹传讹地流传开了。

公主坟谜底的揭开

其实公主坟内的公主是谁，早在1965年修地铁时，文物部门就对公主坟进行了考古挖掘，并参考历史资料考证，谜底早已揭开。这个地方因过去曾葬有清仁宗嘉庆皇帝的两位公主而得名公主坟，两位公主分别葬东西两边。

东边葬的是庄敬和硕公主。她为嘉庆第三女，为和裕皇贵妃所生，生于1781年12月。她于1801年11月下嫁蒙古亲王索特纳木多布济。1811年3月去世，年仅31岁。西边葬的是庄静固伦公主，为嘉庆四女，为孝淑睿皇后所生。1802年下嫁蒙古族土默特部的玛尼巴达喇郡王。终年仅28岁。

因清朝的祖制，公主下嫁，死后不得入皇陵，也不能进公婆墓地，必须另建坟茔，故北京郊区有很多公主坟，有的地方现仍叫公主坟。因庄敬和硕公主和庄静固伦公主是同年而亡，仅隔两个月，所以就埋葬在同一处了。

公主坟的墓地原有围墙、仪门、享殿等地面建筑，四周及里面广植古松、古柏和国槐、银杏等树木，显得古色古香。地宫均为砖石结构，非常坚固。双墓均为夫妻合葬墓，陪葬品有兵器、蒙古刀及珠宝、丝绸等物。

公主与格格的称谓之别

清朝前身"后金"初年，国君、贝勒的女儿均称"格格"，无定制。例如，清太祖努尔哈赤的长女称"东果格格"，次女称"嫩哲格格"。

1636年，仿明制，皇帝的女儿称"公主"，并规定皇后所生之女称为"固伦公主"，"固伦"满语意为天下、国家、尊贵、高雅；妃子所生之女或皇后养女称为"和硕公主"，"和硕"，

满语，意为一方。两种封号强调了嫡庶之别，但偶尔也有例外。

公主不能称为格格，格格是皇家贵族小姐婚前的统称，后来把格格分为五等：亲王之女称为和硕格格；世子及郡王之女称为多罗格格（多罗贝勒之女也称为多罗格格）；贝子之女称为固山格格；镇国公、辅国公之女称为格格。公以下之女称为宗女。若为侧室所生，均依次降二等。

在黑龙江省绥化市北林区四方台镇呼兰河北岸的绥北铁路东侧也有座公主坟。传说是金兀术妹妹美妮公主的坟墓。雄鹰常盘旋在上面。曾出土铁剑和碳化稻谷。

世界古墓揭秘

　　世界古墓中，最引人注目的东西就是木乃伊。古代埃及人用防腐的香料殓藏尸身，以寄托后人深切的缅怀。最新研究破解了许多古人制造木乃伊的秘密。

木乃伊的水晶起搏器

发现水晶起搏器

埃及作为考古研究学家的天堂，有着挖掘不尽的丰富宝藏，吸引着无数的科学工作者投身其中，揭开一个个谜底。世界闻名的古埃及木乃伊不仅数目众多，而且保存完好，这实在让世人为之惊叹。

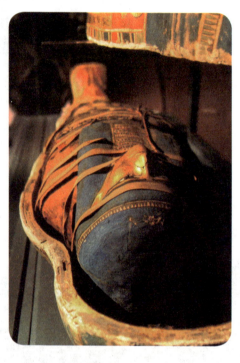

随着一项项工作的展开，一具具木乃伊的出土，一个个新的问题层出不穷，一件件令人震惊、难解的蹊跷事也不断涌现出来。而现在又有人发现，在卢索伊城郊外出土的一具木乃伊里，装有一个奇特的心脏起搏器，这个发现让整个世界为之震惊。

在埃及卢索伊城郊外，人们将一具刚出土的木乃伊抬出墓穴，对其进行初步处理。这时一名参与处理工作的祭司觉得这具木乃伊存在某些不同的地方，于是他就对眼前的木乃伊进行了细致的检查。

令他吃惊的是，他听到这具木乃伊发出了一种有节律的声

音。他循着声音找去，发现声音是从心脏传出来的，仿佛是心脏跳动的声音。难道是这个死者的心脏还在跳动吗？他对此感到难以置信。那么是什么东西被藏到了这具木乃伊的心脏里了吗？

人们一时无法知道，因为他们还不敢去拆开那缠满白麻布的尸体进而揭开这一谜底。他们立即组织人将其原封不动地送到了地方诊所，随后，它被转送到了具有丰富经验的开罗医院。

接到这具转送来的木乃伊之后，开罗医院组织了一些经验丰富的专家对其进行检查。然而，他们仍然无法从尸体的表面查清声音存在的原因，于是进行解剖检查。医生们对尸体进行解剖后，发现在尸体心脏的附近有一具黑色的起搏器。

这个能在2000年后仍然跳动的黑色起搏器引起了医生们的极大兴趣。他们利用先进的仪器对其进行了测试，发现这个起搏器

是用一块含有放射性物质的黑色水晶制造的。在世界上现存的水晶中，人们从未见到过黑色的水晶，而只见过白色的和少数浇红色的或紫色的水晶。

医生们发现，虽然这个2500年前的心脏早已枯成为肉干，但它还是随着起搏器的韵律而跳动不止。人们可以清楚地听到，它那"怦怦"的跳动很有节奏，每分钟跳动80下。

水晶起搏器的谜团

开罗医院随后将这一重大发现公布于众，并将这个起搏器重新安放到木乃伊体内，让人们前来参观。这一惊人的消息不仅吸引了众多的考古学家和大批电子学家，他们从世界各地纷纷赶到开罗医院，对这具身藏心脏起搏器的木乃伊进行参观、探究。

在2500多年前能懂得黑水晶含有放射性的物质并可以使心脏保持跳动的是些什么人呢？它来自于何处呢？另外，人们又提

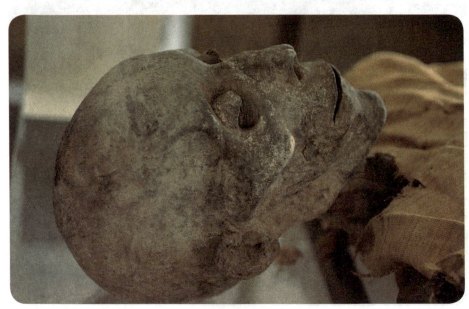

出，作为协助心脏工作的心脏起搏器，一定是在人活着的时候被安放到人体内的。那么，在古埃及的落后的医学条件下，当时人们又是如何将如此先进的起搏器放入人的胸腔里去的呢？

专家们在这一系列难题面前陷入了深深的思考。有人认为，在文化发达的古埃及，可能有过一些具有特殊能力的术士，这一历史奇迹就是这些术士利用奇异的手段创造出来的。那么，这个黑色的水晶起搏器是由什么人制造并植入人体内的？它到底来自何处呢？这个难解之谜只能留待后人来解开了。

水晶骷髅头是由石英石打造完成的人头骨模型。据说水晶头骨有催眠功能。如果让一个人紧盯着水晶头骨的眼睛处，不多时人便会感觉昏昏欲睡。传说头骨是古代玛雅人为病人做手术时催眠病人用的。

在线小知识

神秘的海底墓群

海底的酋长墓地

在很多年以前，在西太平洋的密克罗尼西亚联邦的近海区域内的珊瑚礁群内，考古学家发现了一处用石柱群围起来的海底墓群。密克罗尼西亚联邦是在1986年独立的一个袖珍国，人口仅数千人，首都设在波纳佩岛。它是一个与世隔绝、相当落后的国家，居民绝大多数都是渔民。这个岛国的四周环绕着美丽的珊瑚礁群，是一处旅游胜地。

在水位高涨的时候，这个岛看上去与其他孤立在大洋中的小岛无异。但在水位退去的时候，人们就可以看到露出水面的珊瑚礁群。在礁群间有明显的看上去工程十分浩大的人工建成的水道，50多条人工渠道的周围则有无数根十分坚固的石柱。这些石柱群都是由一根根圆形石柱组成，比马路上的水泥电线杆稍细一些。当地人说，这是历代酋长的墓地，因不愿被外人侵扰亡灵，故将坟墓建在活人难以进出的海礁中。

海上女妖的诅咒

1920年，当时的密克罗尼西亚是日本的托管地。有一天，日

本生物学家杉浦来到这个岛国进行考察。为了揭开海下墓地之谜，他的随行人员抓来了一名酋长，逼他说出墓地的秘密。酋长说："这是万万说不得的，岛上的酋长终身供奉的海上女神，保佑着海底的亡灵。任何人去惊动墓地的主人，就会惹怒女神，遭到惩罚。"

杉浦认为这是无稽之谈，就叫手下对他严刑拷打。酋长被迫说出了进入墓地的秘密通道，但几天后便遭到雷击身亡。

杉浦依酋长之言从秘密通道进入了一个海底坟墓，并获得了墓地的第一手资料。回来后杉浦关起房门，谢绝朋友和客人的探访，加速研究海底墓地之谜，准备让真相大白于天下。但不久，他突然暴病而亡。杉浦家人为了实现其夙愿，委托历史学家泉清一教授续编遗稿。然而令人感到害怕的是，泉清一教授也突然死亡。大家想起了杉浦生前对他们所说的"海上女神的诅咒"，说凡是想对这墓地进行研究的人必然会猝死，吓得研究者将所有资料全部焚毁。过了几年，又有一位不信邪的德国考古学家伯纳不远万里来到了这个岛国。他摸清了海底坟墓的地理形势后，筹备了物资和人员。但是在他准备动工发掘的前夕，伯纳也遭到了猝死的命运。"女神的诅咒"再次发生了"威力"。

此后，人们对这块神秘的地方采取敬而远之的态度；科学家

们也把它列入了与百慕大三角洲同样神秘的"人类科学未知"的范围内。1970年，日本生物学家白井洋平到西太平洋去调查海洋生物，顺便对这个神秘的海底墓地进

行了一次专业外的探险活动。他租了一艘小机动船，带了两名随从，在一个晴朗的下午，趁落潮时驶入了一个被石柱包围的小岛。

　　他们刚踏上岛，就看到一座用玄武岩柱垒起来的神庙状建筑物，石墙还分内外两重。正当他们从外侧进入内侧时，刚才还是晴空万里的天空忽然乌云密布，接着就电闪雷鸣，倾盆大雨劈头盖脸地浇了下来。

　　3个人被这突变的天气惊呆了。他们回过头来逃出"神庙"，上船后急速调转船头，驶离了这块神秘之地。但令人感到惊奇不已的是，小船刚一离开，立即就雨停日出，乌云散尽，又恢复了晴朗天空。

　　当晚，白井洋平去请教一位当地的酋长。酋长说："这里根本没有下过一滴雨，这是死者不让你们进入墓地而发出的警告。你们若再敢冒犯，保护它们的海神是不会放过你们的，说不定会掀翻你们的船，叫你们有去无回。"

海底墓地的最新发现

最近，美国的一个科学调查小组来到了该地，并带来了许多先进的科学探测仪器和雷达设备。通过对石柱样本的碳化测定，科学家认为其建造年代为公元1200年左右。

该石柱与岛北的火山玄武岩相同。由此可以推测，石柱的材料来自于岛北的采石场，就地加工后运到此处安装。在12世纪该岛的统治者是兴盛的萨乌鲁鲁王朝。这个王朝共维持了200余年，当时岛上总人口约为3000人。

据调查小组估计，如果要在200年内完成规模这样庞大的工程，至少需要动员1万名劳力。因为单单石柱的数量就达上万根之多，而当时岛上全部可以使用的劳动力还不足1000人。这就留下了一个历史之谜。专家们认为，要揭开这个历史之谜，首先必须做到的是取出墓中的棺木和随葬品，但要做到这一点，则必须跨越"诅咒"之门，战胜海神的"报复"，才能进入墓地进行考古发掘工作。

在线小知识

距离美国佛罗里达州迈阿密比斯坎岛大约5000米的海底，有一处名为"海王星纪念礁"的海底墓园，全部浸在大约14米深的海水中。自2007年开始运营以来，已成为潜水者的乐园。

扑朔迷离的亚历山大墓

神秘人物亚历山大大帝

古代亚历山大帝国的伟大统帅亚历山大大帝，是古代马其顿国王菲烈特二世的儿子。他于公元前336年即位后，便率兵大举侵略东方。

在短短的10余年里，东征西伐便把东起印度河、西至尼罗河与巴尔干半岛的广阔的土地划归为自己的版图。

在战场上亚历山大大帝曾是一位赫赫有名的英雄，但同时在生活上又是一位神秘人物。有关他的传说很多很多。但遗憾的是在他生前的一些历史记载中却没有留传下来多少，而后来的一些传抄本多为民间口传，与一些史籍中的记载又矛盾重重，而且带有极浓重的传奇色彩。

因此，就是在他死后2300多年的今天，这位古代伟大统帅的业绩仍令人们十分关注。

但对于他生前的一切，由于历史的久远，人们无法得到更多，所以一些考古及历史学家都把希望寄托在对这位大帝的陵墓的发掘上。可是人们到现在也没有发现这位不可一世的帝王陵

墓；祈望从出土文物中获得一些有价值的证据的人们，到如今仍然只能是等待。

1964年的一天，埃及亚历山大市的报纸发表了一则耸人听闻的消息："马其顿国王亚历山大的陵墓找到了！这是波兰考古学家们的巨大成就！"

消息很快传遍了全世界。美国《纽约时报》立刻给波兰考古队发了一封电报，希望就这一伟大的发现写篇文章，并给予优厚的稿酬。各国记者也争先恐后地飞抵埃及。同时，大批旅游者的涌进，使得埃及警方十分紧张。

可惜，好像是历史与人们开了一个玩笑，这消息竟然是假的。原来发现的并不是亚历山大的陵墓，而是古罗马时期的一座剧院的遗址，是波兰考古专家出的差错，把人们引向了歧途。

那么这位著名的历史人物的陵墓究竟在哪里呢？他又是怎么死的？这一谜团仍没有找到答案。

亚历山大的死因传说

关于亚历山大的死因在当地历来有两种传说。一是说他远征印度时在距离巴比伦不远的地方，迎面碰上了一些精通天文和占卜的祭司，他们劝告他不要去巴比伦，否则凶多吉少。然而，他没有停止前进。不过此后他却变了样，心情阴郁表情冷漠。

有一次，他驾驶着战舰在湖泊上游弋时，突然刮来一阵风，把他的帽子吹走，吹落在芦苇丛中，正好落在古亚棕国王的墓上。所有的随从以及亚历山大本人都认为这是很不吉利的事。

去追赶帽子的水手，在泅水回来时，竟大胆地把它戴在自己头上，这就更加强了不祥之感。亚历山大恼怒了，当即把这个水手杀了。不久，亚历山大身患重病。13天后，终于在公元前323年6月，32岁的亚历山大，当了20个月的国王，便在一个傍晚逝世。

对于大帝的死，有人说这是一种巧合罢了。因为大帝的死很可能是由于行军路上的艰辛，加之经过多次作战，弄得遍体伤痕，在沼泽地里又感染上了疟疾等原因造成的。

另一个传说是：亚历山大之死是因为在宴会上有人往他的酒杯里下了毒药。如果这个传说是真的，那么亚历山大就不是自然死亡，而是死于阴谋。

探寻亚历山大大帝的陵墓

亚历山大大帝是古代马其顿国王，亚历山大帝国皇帝，世界古代史上著名的军事家和政治家。他在横跨欧亚的辽阔土地上，建立起了一个西起希腊、马其顿，东到印度河流域的以巴比伦为首都的庞大帝国，创下了前无古人的辉煌业绩。

然而，越是名声显赫的历史名人，其墓越是难以寻找。这简直成了一条令考古学家头痛的神秘规律。作为当年叱咤风云、不可一世的历史人物，有关亚历山大大帝的陵墓究竟在何处，始终是考古学家们迫切希望破解的谜团。

据考证，公元前323年，亚历山大在巴比伦逝世后，他的朋友和部队将领之一托勒密用灵车把他的遗体运往埃及，最后安葬在他亲手规划的亚历山大城，并建立起一座富丽堂皇的陵园。后来罗马人占领亚历山大城时，凯撒大帝曾经拜谒过亚历山大陵，并决心建立像这位英雄那样的伟大业绩。

可是在此以后，关于亚历山大陵墓之事就变得无声无息了。 1798年，拿破仑军队占领这里时还可以见到不少古代废墟。

到了19世纪初，这里修建了海港，经济有了发展，使亚历山大城很快就变成了地中海一带极其重要的贸易中心。

如今考古学家们来到了这座古城的废墟上，开始了对亚历山大陵墓的寻找和挖掘工作。然而令人奇怪的是，就在这一片古代废墟上，人们历经多年的努力却始终找不到神秘的亚历山大陵墓，这不能不说是个谜。

亚历山大在东征过程中，沿途建了许多新城，有好几座是以他自己的名字命名的，最著名的是埃及北部沿海的亚历山大城，今天已经发展为埃及最大的海港。

在线小知识

豪华的奈费尔塔里王后陵

美丽的奈费尔塔里

奈费尔塔里是伟大的拉美西斯二世的妻子。这个美丽的皇后中文有许多译名。奈费尔塔里一词的意思是"最美丽的人"。无怪乎她是拉美西斯二世国王最宠爱的妃子。

拉美西斯一生共有8位正妻，其中奈费尔塔里是第一个，也是最受拉美西斯宠爱的一个。很多人认为，拉美西斯二世娶奈费尔塔里为妻是为了能更好地巩固他的王位。因为，拉美西斯家族并非正统的底比斯王族后裔，他们是来自三角洲地区的统治者。而奈费尔塔里可能是底比斯王族的后裔。他们的结合将使拉美西

斯二世拥有正统的王族血统。

但是，从现有的资料来看，奈费尔塔里可能不是王族的成员，因为在她的名字上没有出现过诸如"国王的女儿"之类的称呼。也有可能的是，奈费尔塔里是底比斯王族某个偏妃的孩子，所以，名字上没有出现王族的记号。

豪华的奈费尔塔里王后陵

奈费尔塔里去世时，这位伟大的法老便为她在王陵谷修建规模堪称最大、最为豪华的陵墓。3个墓室的墙上都画着壁画，它形象地反映了埃及人所相信的死后再生时的富饶、繁华的天堂生活。其中许多画保存完好，仿佛是昨天才刚刚画就的。

墓室内经过修复的精美壁画，让奈费尔塔里陵墓成为古埃及文明的一颗明珠。可是，盗墓者盗走了奈费尔塔里王后的木乃伊

及其佩戴的许多珠宝。

奈费尔塔里的神秘身世

关于奈费尔塔里的身世，历史学家有两种不同说法。一种说法认为她是继承图坦卡蒙的法老艾的孙女，另一种说法则说她是底比斯世袭贵族之女。不管哪种说法都告示奈费尔塔里出身的高贵。

对来自下埃及三角洲地区的拉美西斯家族来说，娶一位家世辉煌的上埃及名门之女，是得到占统治阶层大多数的底比斯贵族拥护并巩固上埃及势力的有效方法。严格来说，拉美西斯和奈费

尔塔里这对少年夫妻的婚姻，开始是出于政治目的的考量。而奈费尔塔里出乎意料的惊人魅力和智慧，才是最终征服拉美西斯的心的缘由。

奈费尔塔里在拉美西斯继位前，约15岁左右和他结婚，并给他生育了第一位王子。在后来的岁月里，她又给拉美西斯生了至少3个儿子和两个女儿。根据壁画中显示，奈费尔塔里有许多称谓，其

中包括"最受宠爱者""魅力，甜蜜和爱的拥有者""上下埃及的女主人""法老的正妻""受穆眷顾者"。

王后谷陵墓群位于埃及岩石山的西边，距帝王谷不远。有90多座王朝的王后、王妃、王子和公主的墓群。纳菲尔塔莉陵墓内发现的壁画，保存非常完美，是埃及考古史上又一个重大成就。

神秘的天主教地下墓穴

地下墓穴里的木乃伊

1599年，在意大利西西里岛发现巴勒莫嘉布遣会修士的地下墓穴。在这处天主教地下墓穴的墙壁上共悬挂陈列着8000具木乃伊。这些木乃伊的脖颈和脚被吊钩悬挂，穿着价值昂贵的衣服，尸体的头部下垂着看上去就像在默默地祈祷。

这些木乃伊尸体摆放的姿态各不相同，比如：两个儿童并排地坐在一把摇椅上，男人、女人、少女、儿童、僧侣和天主教徒都分别被陈列。

西西里岛人以这处地下墓穴为骄傲。到访者经常慕名而来，并向死者祈祷。

136

"睡美人" 木乃伊

1881年，也就是修士出生两年后，修道院停止接收遗体，只有一个例外——一个小女孩的遗体，是修士帮着摆放的。她年龄仅有2岁，名叫罗莎利娅·洛姆芭尔多，当时尸体保存的时间是1920年，她死于肺炎。

由一位名叫阿尔佛雷德·撒拉菲亚的医生经手，进行尸体保存。这位医生是当时唯一能够进行尸体防腐的天主教徒。小女孩的尸体保存几乎完整无缺，从她的黑发碧眼到细致的眼睫毛都清晰可见。

但是，除了小女孩的遗体，其他的遗体仍然遭受到了腐烂的侵袭和尘世的遗忘。修士刚来修道院时，他们与其他许多死者一样，五官都在。在半个世纪里，他一天天地看着他们的眼睛和皮肤慢慢消失。

象征社会地位的埋葬方式

陈列的木乃伊尸体是一种社会地位的象征。这些木乃伊究竟是些什么人？他们是如何在这儿的呢？原来这处天主教地下墓穴的历史可追溯至16世纪，当时天主教徒挖掘了这个地下墓穴。第

　　一位天主教徒木乃伊是西尔维斯特罗，他的尸体吸引了到访的参观者，来自各地区的人们看着他的尸体默默祈祷，对他表达了一种由衷的崇敬。

　　虽然最初这个地下墓穴原计划仅用于陈列已故的天主教修道士，但是很快意大利当地的富人和知名人士都对这个神圣的地下陵墓产生了兴趣，纷纷计划死后将尸体陈列于此，作为一种社会地位的象征。

　　事实上，许多当地名人都改变了传统的死亡埋葬方式，希望这处天主教地下墓穴成为自己的最终归宿。他们死后穿着特制的衣服，这些衣服每隔一段时间由死者家属捐款出资进行更换。尸体的外衣用的是当时最为时尚和最为昂贵的布料。

　　这种木乃伊尸体处理使死者在死亡之后仍可以保留其身份和尊严地位。据称，这处天主教地下墓穴还保存着西班牙著名画家

委拉斯凯兹的尸体，但是其尸体具体位置尚无人知晓。

天主教堂向木乃伊尸体提供布料衣物，并经常对尸体进行
"美容"，同时，死者家属必须向天主教堂捐款，帮助教堂维护
这个地下墓穴，并保证其家属对尸体陈列的满意。

但是，如果死者家属停止支付捐款，这些木乃伊尸体将从陈
列位置移出，放置在架子上，直至其家属的捐款到位。

在线小知识

巴黎地下墓穴，又叫作巴黎地下隧道，大
约距离地面20米，总长度约300千米。从中世纪
开始挖掘，最初是地下采石场的通道。巴黎圣母院
以及巴黎市区的建筑，大都是地下挖掘的石头建造的。

古墓里的长明灯

古墓中的长明灯

古墓往往与世隔绝，这样才能使宝物历经千年还保存完好。但是世界各地都有盗墓者，他们千方百计到古墓中去盗窃埋藏了千百年的金银珠宝。在这些

终年不见天日的古墓中，盗墓者有时却惊恐地发现，在一些古墓的拱顶上，一盏明灯投射着幽幽的光芒。

527年，叙利亚正处于东罗马帝国的统治下。当时在叙利亚境内的东罗马士兵曾在一个古墓里的壁龛里发现一盏亮着的灯。这盏灯被精巧的罩子罩着，罩子似乎是用来挡风的。

根据当时发现的铭文得知，这盏灯是在公元27年被点亮的。士兵们发现它时，这盏灯已经持续燃烧了500年。令人感到可惜的是，这些士兵很快毁坏了它，于是这盏神秘的灯的原理也就无法研究。一位希腊历史学家曾记录了在埃及太阳神庙门上燃烧着的一盏灯。这盏灯不用任何燃料，亮了几个世纪，无论刮风下雨，它都不会熄灭。据罗马神学家圣·奥古斯丁描述，埃及维纳斯神庙也有一盏类似的灯，也是风吹不熄，雨浇不灭。

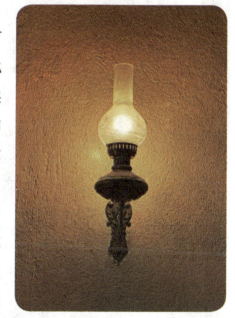

1400年，人们发现古罗马国王之子派勒斯的坟墓里也点燃着这样一盏灯，这盏灯已经持续燃烧了2000多年。风和水都对它无可奈何，可是一旦抽走灯碗里那奇怪的液体，这盏灯便熄灭了。难道这就是神话中的阿拉丁神灯吗？

1534年，英国国王亨利八世的军队冲进了英国教堂，解散了宗教团体，挖掘和抢劫了许多坟墓。他们在约克郡挖掘罗马皇帝康斯坦丁之父的坟墓时，发现了一盏还在燃烧的灯。康斯坦丁之父死于300年，这意味着这盏灯燃烧了1200多年！

1540年，罗马教皇保罗三世在罗马的亚壁古道旁边的坟墓里发现了一盏燃烧的灯。这个坟墓据说是古罗马政治家西塞罗女儿之墓。西塞罗的女儿死于公元前44年。由此推算，这盏灯已经在这个封闭的拱形坟墓里燃烧了1584年。这些长明灯只不过是全世界所有发现中的几例。

考古记录显示，这种古庙灯光或古墓灯光的现象在世界各地都有发现，例如印度、中国、埃及等许多拥有古老文明的国家和地区，就连意大利、英国、爱尔兰和法国等地也出现过。

在中国曾有过关于长明灯的记载。史记中记载在秦始皇陵墓中就安置有长明灯。中国人有视死如视生的传统。人死后的陵墓

也对应称作阴宅。君王尤其重视陵墓，作为死后的居所，他们也希望像他们生前的宫殿一样灯火辉煌，因此也就有了长明灯。

一种长明灯是双层结构，里面的一个容器内装灯油，灯芯用醋炮制，外层装水，用以冷却灯油。这是个伟大的发明，因为油灯消耗的油主要不是点燃的，而是受热挥发的，醋泡过的灯芯能保持低温，油灯外层的水也可以有效阻止油温上升。然而长明终究是愿望而已。

考古学家在发掘北京定陵时发现，陵墓正殿有一口青瓷大缸，内盛蜡质灯油，还有一个灯芯。也许这就是长明灯，但是因为密闭的陵墓中缺少燃烧所需要的空气，所以这盏灯在陵墓封闭后就熄灭了。

被毁坏的长明灯

为什么如此神奇的长明灯没有保留到今天？是古代人对所发现的长明灯不够重视吗？其实古代人的确保存过这些神灯，但是很奇怪的是，这些灯一旦现身，就会以某种方式很快被毁坏掉，例如被野蛮的掠夺者和挖掘者毁坏。难道古人在利用某种魔咒来保守他们的技术秘密？

142

17世纪中期，在法国的格勒诺布尔，一位叫杜·普瑞兹的瑞士士兵偶然发现了一个古墓的入口。当这个年轻人费尽九牛二虎之力进入古墓后，他并没有发现任何他想要的金银珠宝。不过，让他更惊讶的是在这与世隔绝的坟墓中，竟然还有一盏正在燃烧的装在玻璃罩中的灯。

惊异之余，他把这盏神秘的灯送给了修道院。修道院里的僧侣们同样目瞪口呆。这盏灯至少已经燃烧了千年。他们像宝贝一样保存着它，可惜的是，几个月后被一位老僧侣不小心摔碎了。另一件趣事发生在英格兰，一个神秘的不同寻常的坟墓被打开了。打开这个坟墓的人发现，在坟墓拱顶上悬挂着一盏灯，照亮了整个墓室。

当这个人往前走时，地板的一部分随着他的走动在颤动。突然，一个身着盔甲原本固定的雕像开始移动，举着手中的某种武器，移动到灯附近，伸出手中的武器击毁了这盏灯。这个宝贵的灯就这样被毁坏了。

长明灯的存在之谜

古人的目的一次又一次地达到了：灯的奥秘被严密地保守着，再也没有后人知道。这种不寻常的灯代表着远古的高科技

吗？我们的祖先如何发明出这些永不熄灭的灯？

不熄之火最早出现在各种神话故事中。据说这种不熄的火光是天宫之火，是普罗米修斯把它偷偷带给了人类。总之，人类由于机缘凑巧，知道了这个秘密。也许是某位先哲把它传给了人类的，就如神农氏教会了人类种植农作物、有巢氏教会了人类建造住所。

根据古埃及、希腊和罗马等地的风俗，死亡的人也需要灯光驱逐黑暗，照亮道路。因此，在坟墓被密封前，习惯于放一盏灯在里面。而富贵荣华之家就要奢侈一些，放上一盏不熄的灯，永远为死者照亮。

制造不熄的灯，古人是否轻车熟路？其实并非如此。一般平民的墓穴里都没有这种灯。不过，并不富贵奢华的古代炼金术士的墓穴里也会出现这种灯。

1610年，一位叫洛斯克鲁兹的炼金术士的坟墓在他死后120年被挖掘开，人们发现里面也亮着这样一盏不熄的灯。于是人们怀疑古时的炼金术士和铸工懂得制造这种长明灯的技术。难道不熄的灯光与金属有关？

一部分人认为，世界各国有关长明灯的记录足以让人肯定，

确实存在这样一种不熄的灯，或者长久燃烧的灯，只是技术失传，我们现在的人无能为力。

另一部分人则认为，虽然有那么多有关长明灯的记录，但现实中并没有一盏长明灯摆在众目睽睽之下，而且这种灯的能源问题严重违背能量守恒定律，因此这种不熄的灯应该不存在。还有许多人认为，这也许是古人在书中开的一种聪明的玩笑。

如果长明灯真的存在，那么它们的能量来源是什么？要知道，千百年长久地燃烧，若是普通的煤油灯，就要耗费多少万升的煤油。难道它们的燃料能够不断补充？

中世纪以后，许多思想家曾经试图用补充燃料的方式制造一盏长明灯，即在燃料将耗尽时，快速补充燃料。但是没有一个实验成功过。即使利用现代的燃料连续补充技术，制造一个千百年长明的灯，也不太现实。还有一些人大胆推测，这种灯就是使用电的灯，灯碗里那看似燃料的液体可能就是用来导电的汞，所以"燃料"看起来永不见少，这种用电的灯也不会怕风吹雨打。

如果神灯真的是用电能点亮，那么电能是如何产生的？难道庙宇或古墓中安装有能够发电的机器吗？要做到一劳永逸地不断供应电能，只有太阳能发电可以做到。

在线小知识

13世纪，法国人杰彻利拥有一盏灯，没有任何油或灯芯。通常，他把灯放置在房间的前廊。他发明的一种放电按钮装置，能够放出一股电流到门上的铁把手，当他按下按钮时，闪亮的蓝色火花就会突然冒出来。

韩国古墓中的女干尸

发现古墓中的女干尸

2003年11月，韩国大学博物馆的研究人员公布了对他们去年发现的一具400年前的女干尸的初步研究结果。

这具干尸是在为埋葬新的死者挖掘墓坑时被偶然发现的。这对当地的考古学界来说是一个不小的发现。

研究人员被干尸的特殊情况震惊了！这具干尸的肉体、内脏、骨骼甚至子宫内尚未出生的胎儿都保存得相当完好。

女干尸的身世之谜

这具棺木自从埋葬后就一直没有打开过，里面有70余件衣服和装饰品，包括死者日常生活用品，如梳子、鞋、缝纫用具、假发等。棺材里还发现了几封信，是迄今发现的最古老的韩国文字手写稿。

棺材上还贴有"家之棺"的标签。一封信上写着当时李姓国

王的一个情妇的名字，最特别的是这封信的一页上记下了死者去世的年月："1566年12月，阴历十月"。

对16世纪服饰和丧葬习俗的研究，也取得了显著的成绩，包括特殊的埋葬方法和棺木的制造组装方法。尽管如此，另外一些问题还远远没有答案。

棺材里的女人到底是谁？根据对尸体的医学检查，她大概25岁，在偶然的一次回娘家时，死于难产。根据她写的信，她可能是王后哥哥的一个孙女。但是，她死后并未迁回到丈夫那里安葬，可能证明了它的另外一种身份，她有可能是她父亲的情妇生的女儿。

女干尸保存完好的秘密

这具干尸最吸引人的秘密是，她在430多年的时间里没有自然腐烂并且保存相当完好。

尽管现在就要求研究给出合理的答案是太早了，负责干尸解

剖的韩国大学医学研究中心病理学者博士还是谨慎地提出了自己的解释。

这具女干尸之所以能够保存得如此完好，是死者死时的气候条件和早期的埋葬习俗共同作用的结果。

正是12月寒冷的气候和死者厚厚的棉装的包裹，在死后的3个月里有效地阻止了细菌的入侵。

双层结构的棺木，并且涂有一层石灰泥，完全阻止了氧气的进入。

死者的衣物产生的一种酸性物质使棺材内厌氧细菌的含量增加，使尸体不会腐烂并且保存完好。

韩国人在死者心脏部位发现了厌氧细菌的孢子。这为解释尸体自然木乃伊化提供了重要线索。而酸性的土壤、变化无常的气候，尤其是没有用人工方法保存干尸的传统，使韩国成为不是一个木乃伊干尸的多发现区。

女干尸的研究价值

这一发现将改变对早期李朝文化和埋葬习俗的传统看法，并

且能够提供了解人类尸体自然木乃伊化过程的关键性信息。这是在木乃伊干尸被列为韩国学术研究的一个专门课题后的第二次重大发现。2001年，发现了一具350年前的干尸，韩国大学的一个研究小组对其进行了研究。

韩国大学博物馆最近出版了一年来对这具女干尸研究的两卷论文集，包括考古学研究、医学研究、地理学研究和传统丧葬习俗研究等几方面的研究论文。

韩国大学博物馆馆长在新闻发布会上说："作为第一次由人文科学和自然科学共同研究的课题，对这具干尸的研究将大大提高我们对早期李朝人们日常生活和文化的认识。"

在线小知识

最近，考古学家在韩国挖掘发现了一具500多年前木乃伊，在墓室中发现了最宝贵的物品——手提包。韩国首尔民族文化研究协会人员认为，这位女性死者是高级政府官员的妻子，她生活在16世纪的朝鲜。

尼雅古墓里的千年干尸

发现墓地里的千年干尸

干尸，过去称作"木乃伊"。其实，干尸与木乃伊有所不同。木乃伊是人工制作，干尸是自然形成。

在尼雅遗址的古墓中，经常发现干尸，成为尼雅的一绝。

而且尼雅遗址发现的干尸，尸体没有经过任何防腐的处理，完全是靠自然条件形成的。

1993年，在尼雅考察中，在佛塔营地以北的墓地，发现了3口"独木棺"，棺中的尸体都程度不同地变成了干尸。

在弓形的独木棺中，躺着一个妙龄少女。她屈肢侧卧，穿的衣服清楚可见，内穿丝绢衬衣，外罩红色羊毛短裙，尸体大部分完好，被考察队称之为"红衣少女"。

在佛塔营地以东的另一个墓地，也发现了干尸。其中，有一具女尸保存较好，她黑发披肩，眉目清秀，细长的柳叶眉，仿佛刚刚描过，是一个20多岁的女青年。面部的肌肉变化不大，似有弹性；另一具男尸，胸腔以下已经烂掉，但是头颅保存尚好，长得浓眉大眼，胡须尚在，一头黑发依然如故，是一个中年人。

尼雅干尸形成的原因

尼雅为什么有这么多干尸？尸体的腐烂，是细菌微生物作用的结果。细菌微生物的存在和活动，必须具备一定的温度、湿度和空气。但是，特别干燥的地方和没有空气的地方，细菌微生物就难以生存。

尼雅地区古代干尸的存在，是塔克拉玛干沙漠中干燥的气候所造成的。

由于塔克拉玛干沙漠异常干燥，尸体在烈风、强光、高温的

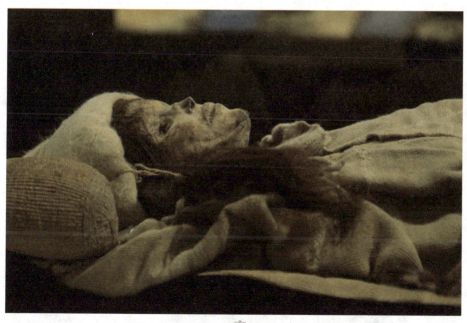

作用下迅速脱水。于是尸体都呈现干瘪的状态，体瘦如柴，皮层收缩，紧贴骨架，这是尸体脱水的结果。

在细菌微生物没有产生以前，尸体立即完全脱水，便使细菌微生物失去了生存的条件，于是，尸体变成干尸保存了下来。除尸体以外，尼雅地区其他的文物能够完整地保存到今天，都与极端干燥的气候有关。

尸体保存程度不一的原因

尼雅墓葬中的干尸是众多尸体中的一部分，还有一部分尸体完全腐烂掉，只剩下白骨和黑发。同在尼雅地区，为什么尸体会如此不同呢？这其中还有许多的原因。

塔克拉玛干沙漠，总的来说气候非常干燥，降雨量很少，但

是，每年的降雨量并不完全相同。

据现代气象学家的考察研究，塔克拉玛干沙漠中的年平均降雨量只有25至50毫米，然而有的年份一天的降雨量却达252毫米，最多时竟达到735毫米。

在降雨量少的年份，埋葬的尸体就容易变成干尸；降雨量多的年份，埋葬的尸体就容易烂掉。在一年之中，是干季埋葬还是湿季埋葬，对于尸体的保存也有不同的影响。

就每具尸体的具体情况而言也不完全相同。在相同的气候条件下，肥胖的人体内含水量比较高，就容易腐烂；干瘦的人体内的含水量比较低，就不容易腐烂。

在墓地现场观察的结果表明，同一具尸体的不同部位，保存的结果也有很大的不同。有的尸体胸腔、腹腔完全烂掉，而头颅和四肢却保存较好。这是因为胸腔和腹腔中的含水量比头颅、四肢要多的缘故。

上述种种原因，使古代尼雅墓葬中的尸体出现了千差万别。有的尸体变成了干尸，有的尸体完全烂掉，有的尸体是半具干尸，千姿百态。

在线小知识

2011年11月，秘鲁一家博物馆的工作人员雷纳托·达维拉·里克尔姆发现两具疑似外星人的干尸。其中一具干尸的头骨巨大，直径为0.5米，其深陷的眼窝比正常人大很多，嘴部长有两颗巨大白齿。

图书在版编目（ＣＩＰ）数据

扑朔迷离的古墓释疑：古墓密档暴露 ／ 韩德复编著
. -- 北京：现代出版社，2014.5
　　ISBN 978-7-5143-2671-0

　　Ⅰ．①扑… Ⅱ．①韩… Ⅲ．①墓葬（考古）－世界－
通俗读物 Ⅳ．①K868.8-49

　　中国版本图书馆CIP数据核字(2014)第072359号

扑朔迷离的古墓释疑：古墓密档暴露

作　　者：韩德复
责任编辑：王敬一
出版发行：现代出版社
通讯地址：北京市定安门外安华里504号
邮政编码：100011
电　　话：010-64267325　64245264（传真）
网　　址：www.1980xd.com
电子邮箱：xiandai@cnpitc.com.cn
印　　刷：汇昌印刷（天津）有限公司
开　　本：700mm×1000mm　1/16
印　　张：10
版　　次：2014年7月第1版　　2021年3月第3次印刷
书　　号：ISBN 978-7-5143-2671-0
定　　价：29.80元